孔子行教像

헌(秀軒), 조영준(趙英俊) 작

예학禮學 강의

공 자 편

공병석 지음

學古房

인간은 사회적 동물의 공동생활체로서 반드시 공동의 약속을 준수하여야 공동생활을 유지 할 수가 있다. 인류의 공동 약속은 법가法家에 있어서 '형벌刑罰'이라면 유가儒家에 있어서는 '예禮'가 그 근본이 될 것이다.

예禮란 무엇인가? 예란 사람이 지켜야 할 '마땅한바[宜]'를 형식으로 나타낸 행동 규범이다. 즉 예는 인간생활의 도道의 규정이며, 사회질서의 준칙이다. 따라서 예라는 형식이 성립되려면 반드시 '마땅한바'가 전제 되어야 한다. 그리고 그것은 과거형이 아닌 현재 진행형이다.

예란 인간이 살아가는 형식의 모든 것, 외적인 가치의 총체적인 것을 말 한다. 자신을 수양하는 것에서부터 부모·형제·부부·가족·이웃, 인간관계의 형식과 내용에 이르기까지, 그리고 의식주 등 일상생활의 문화와 정치·사회·경제·습속·관혼상제 등 한 사회의 근간을 이루는 정신적 골격에 이르기까지 그 범위는 무한하다. 그러므로 고금을 막론하고 예가 없는 사회를 상정하기란 쉽지 않다. 『예기』에서 그 근거를 찾아 볼 수 있다.

무릇 예라는 것은 반드시 하늘의 도리에 근본을 두었고 땅의 도리를 본받았으며, 귀신의 도리를 본받아서, 상례·제례·활쏘기·수레 몰기御·관례·혼례·조례·빙례에 두루 미쳤다. 그러므로 성인은 예를 직접 실천하며 모범을 보여주었고, 그러므로 천하 국가도 올바르게 다스려 질 수 있었다.

夫禮, 必本於天, 殽於地, 列於鬼神, 達於喪 · 祭 · 射 · 御 · 冠 · 昏 ·
朝 · 聘. 故聖人以禮示之, 故天下國家可得而正也.　　『禮記 · 禮運』

   조근의 예는 군신관계의 의義를 밝히는 방법이다. 빙문의 예는 제후
들끼리 서로 존경하도록 만드는 방법이다. 상례와 제례는 신하와 자식
에게 있는 은정을 밝히는 방법이다. 향음주례는 장유관계의 질서를
밝히는 방법이다. 혼인의 예는 남녀의 구별을 밝히는 방법이다. 무릇
예라는 것은 혼란이 생겨나는 원인을 금지하는 것이니, 물이 넘치는
것을 제방이 방지함과 같다.

朝覲之禮, 所以明君臣之義也. 聘問之禮, 所以使諸侯相尊敬也. 喪祭
之禮, 所以明臣　子之恩也. 鄕飮酒之禮, 所以明長幼之序也. 昏姻之
禮, 所以明男女之別也. 夫禮, 禁亂之所由生, 猶坊止水之所自來也.
　　　　　　　　　　　　　　　　　　　　　　　　　　　『禮記 · 經解』

   일반 사물의 발전 양상 공식은 '발생 - 형성 - 발전 - 집대성 - 성쇠'의
과정을 거친다. 예 역시 예외가 아니다.
   예禮는 주공周公의 손익損益을 거쳐 인애정신을 포함한 '주례周禮'로
형성 되었다. 이것은 서주西周이후 사회전반의 전장제도典章制度이며
음식과 기거起居로부터 관혼상제, 거마車馬와 복식, 사람간의 읍양揖讓
응대應對 등에 이르기까지 사회 각 방면에 예 규정의 영향을 받지 않
는 곳이 없다. 그러므로 예는 인간의 행위 준칙이자 종법 · 신분사회의
도덕규범으로 집대성 되었다.
   예禮는 전통문화 중 상당히 중요한 지위를 차지하고 있다. 그렇기

때문에 중국은 물론 특히 한국은 '東方禮儀之國'이라는 미칭을 갖게 되었으며, 생활양식에 있어 중요한 지위를 갖고 있을 뿐만 아니라, 유가 예학禮學 계통에 있었어도 밀접한 관계를 이루고 있다.

대체로 유가사상 중 '예禮'는 도덕사상과 개인 수양의 중심으로 각종 도덕행위의 실천준칙이 되어 왔다. 따라서 그 기본 방침과 중요성이 『예기 · 곡례상』편에 잘 설명하고 있다.

무릇 예禮라는 것은 친하고 소원한 관계를 확정하며, 혐의스럽고 의심스러운 것을 해결하며, 같고 다른 것을 분별하며, 옳고 그른 것을 명확하게 해주는 것이다. 예는 망령되게 남을 기쁘게 하지 않으며 말을 헤프게 하지 않는 것이다. 예는 절도節度를 넘지 않으며, 남을 침해하거나 업신여기지 않으며 너무 친근하게 대하며 무례하게 굴지 않는 것이다. 자신을 수양하고 자신이 한 말을 실천하는 것을 선행善行이라고 부르니, 수양을 실천하고 도리에 맞게 말하는 것이 예의 바탕이다. ……, 도덕과 인의는 예가 아니면 완성되지 않으며, 교육과 훈도로 풍속을 바로잡는 것은 예가 아니면 완전하지 않으며, 다툼을 분별하고 송사를 판별하는 것은 예가 아니면 결정되지 않으며, 군주와 신하 · 윗사람과 아랫사람 · 아버지와 자식 · 형과 아우 사이에도 예가 아니면 분수가 정해지지 않으며, 벼슬과 학문하는데 있어 스승을 섬기는 것은 예가 아니면 서로 친애할 수 없다. 조정의 위차位次를 정하고, 군대를 통솔하고 벼슬에 나아가고 법령을 시행하는 일은 예가 아니면 위엄이 서지 않는다. 도사禱祠와 제사에 귀신에게 제물을 바치는 것이 예에 맞지 않으면 정성스럽지 않고 공경스럽지도 않다. 그러므로 군자는 공경하고 절제하고 겸양함으로서 예를 밝히는 것이다.

夫禮者, 所以定親疏, 決嫌疑, 別同異, 明是非也. 禮, 不妄說人, 不辭
費. 禮, 不逾節, 不侵侮, 不好狎. 修身踐言, 謂之善行. 行修言道, 禮
之質也. ……, 道德仁義, 非禮不成, 敎訓正俗, 非禮不備. 分爭辨訟,
非禮不決. 君臣上下父子兄弟, 非禮不定. 宦學事師, 非禮不親. 班朝
治軍, 蒞官行法, 非禮威嚴不行. 禱祠祭祀, 供給鬼神, 非禮不誠不莊.
是以君子恭敬撙節退讓, 以明禮.

중국 선진시대先秦時代 초기의 '예禮' 관념은 대부분 예의제도를 근
거로 천지자연의 질서를 구축하는데 있었다. 그 주요한 의의는 종교
신앙의 제사의식으로 재앙을 극복하고 복福에 이르는 것이었다. 그러
나 역사의 변천과 인류 지식의 점진적인 발전으로 말미암아 '예禮' 관
념은 점차 변화되어 갔다. 춘추시대에 이르러 '예禮' 관념과 내용은 원
시 종교적 의미를 탈피하여 인문세계의 공동 이념으로 변화되어 갔는
데 이러한 변화 속에서 공자는 상당한 역할을 하게 된다. 그는 먼저
'인仁'을 예의 정신으로 삼고, '예禮'를 인의 이성 자각으로 여겼으며,
도덕의 중요한 근간으로 삼았다.

예禮와 봉건제도는 불가분의 관계에 있으며 예와 유가儒家는 일체一
體이다. 공자는 유가의 창시자이다 그러므로 '봉건주의 · 종법제도 —
유가 · 공자 — 예'의 관계는 곧 삼위 일체적 관계이다.

유학儒學의 창시자인 공자의 사상체계는 동아시아 문화 전반의 중
심적 위치에 있다. 경제가치의 맹목적 추구와 인공지능의 무분별한

과학적 발달, 급변하는 세계화의 굴레 속에서 잠식되어가는 인간의 본성은 오히려 공자 예학의 필요성과 역할이 강조되고 있다.

『논어』 경문에서 '예禮'를 다룬 부분은 모두 44장에 이르며 '예禮'자는 모두 75번 출현한다. 이는 '인仁'에 버금가는 중요한 개념으로 공자 사상체계 속에서 '예禮'는 핵심적인 위치를 차지하는 개념임을 알 수 있다. 실지로 고례古禮, 특히 '주례周禮'에 대한 공자의 깊은 관심이 곳곳에 표현 되어 있다. 『논어』 일서 중 출현한 '예禮'는 전통제사에 관한 내용도 있으나, 대다수 인간의 덕성 수양을 표양하고 있는데, 예를 들면 경敬 · 양讓 · 약約 · 절節 · 검儉과 질質 · 문文 등의 개념으로 비교적 일상생활 방면에 편중되고 있다. 그리고 치도治道와 관련된 부분 즉 '君君 · 臣臣 · 父父 · 子子'의 '정명正名' 주장은 예제禮制의 규범을 통하여 사회질서를 중건하고 생활 및 일체 사물의 합리合理와 조화를 이루고자 하였다.

'예禮'는 유가 사상의 중심이다. 이른바 예교禮敎라는 것은 예의 교육이며, 유학儒學의 전수 과정에서 예는 중요한 비중을 차지하고 있다.
유학은 중국 전통 사상의 주류 일 뿐만 아니라, 동아시아 사회와 문화의 주류를 이루어 왔다. 특히 한자 문화권의 생활 속에서 빼 놓을 수 없는 중요한 위치를 차지하고 있다. 그러나 현대인들은 유학의 기본 관념과 이론에 대해 이해가 부족하다. 더욱이 '예禮' 관념에 대해 이해가 부족할 뿐만 아니라, 예의 본의와는 점점 괴리되는 혼돈된 사회에 이르고 있다. 만약 유가儒家 예禮의 본의를 정확하게 이해한다면 그동안 동아시아 사회를 지켜 온 예에 관한 바른 이해는 쉽게 해결되

리라 생각한다.

　공자의 예학禮學은 연구 과정에 있어 용이하다고 할 수 있으나 어려움 또한 산재하고 있다. 이른바 용이한 점이란, 예학은 유학의 중요한 성분 일 뿐만 아니라 공자는 유가의 선사先師이며 『논어』 일서 중 '예禮'에 대한 기재가 많아 인술 토론하기는 어렵지 않다. 그러나 공자는 예에 대한 구체적이고 완전한 이론이 부족 할 뿐더러, 예의 의의와 기능에 대해 비교적 개괄적이다. 이 때문에 '공자예학'이란 명제에 완전한 토론은 쉽지 않은 편이다. 그러나 이러한 상황 아래 필자는 『논어』를 근거로 하여 그 윤곽을 살펴보고 『예기』를 비롯한 상관 문헌을 통하여 그 맥락을 조명해 보고자 하였다.

　비록 민첩하지 못하고 아둔한 필자이지만, 유학시절 이 시대 마지막 연성공衍聖公이며 대성지성선사봉사관大成至聖先師奉祀官이셨던 은사恩師 달생達生 공덕성孔德成 선생님으로부터 익힌 예학禮學은 내 일생의 업이 되었다. 아직도 천박한 학문에서 헤매고 있고 본래 더딘 필자의 연구를 세상에 내놓기에 부끄러움이 끝없지만 이를 무릅쓰고 감히 내놓는 것은 예학방면의 연구에 디딤돌이 되었으면 하는 마음과 내 선생님의 가르침에 누累가 되고 싶지 않아서이다.

　그 첫 번째로 『예학강의 ─ 공자편』을 독자에게 조심스레 선보인다. 이후 '예학강의'를 계속 이어갈 생각이다. 뜻있는 독자들의 아낌없는 질정을 고대한다.

2021년 4월
光正齋에서 공병석 삼가 씀

제 1 장

춘추시대의 배경과
공자 생평

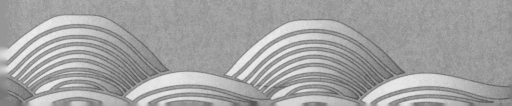

제1절

춘추시대 배경

1. 정치적 배경

서주西周 말기 유왕幽王이 포사褒姒만을 총애하며 신후申后와 태자 의구宜臼를 폐위시키고 적장자嫡長子가 대종이 되는 종법계승제도宗 法繼承制度를 위반하자 신후申侯는 서이西夷·견융犬戎을 이끌고 유왕 을 공격하였다. 유왕은 여산驪山에서 피살되고 서주는 마침내 몰락하 게 되었다. 호경[鎬京, 서주의 수도]이 함락 될 때 신후申侯, 허공許公, 노후魯侯등이 의구宜臼를 신申에서 옹립하여 평왕平王이 되었다. 평왕 이 즉위한 후 동천東遷하여 낙읍洛邑에 도읍을 정하게 되었으니, 이때 부터 동주東周 즉 춘추시대가 시작 되었다.

평왕의 수도 동천東遷은 왕기王畿가 축소되었을 뿐만 아니라 주周 천자의 권위가 약화 되었다는 것을 의미한다. 더욱이 평왕은 자신의 부친을 시해한 혐의를 받은 채 천자의 자리에 올랐기 때문에 주나라 사람들이 중시하는 친친親親의 종법제도를 파괴한 것이었다. 그러므로 춘추제후들은 왕실의 권위를 경시하며 응분의 의무조차 거부 하게 되었다. 이로써 평왕은 명목상 종법유지의 천하 공주共主일뿐 어떠한 실질적인 정치역량을 갖추지 못하게 되었다. 그 상황이 『사기』에 기록 되어 있다.

> 평왕 때 주 왕실은 쇠약해졌고, 제후들은 강한 나라가 약한 나라를 병합하니 제齊·초楚·진秦·진晉이 강대해지기 시작했고, 정치는 방백方伯에 의해 좌우되었다.
>
> 平王之時, 周室衰微, 諸侯彊并弱, 齊, 楚, 秦, 晉始大, 政由方伯.
>
> 『史記』, 「周本紀」

태사공太史公은 정치의 중심이 제후들에게 있다고 말했지만, 태사 공은 오히려 제후정치 배후의 가신家臣 집정에 대해서는 밝히지 않았 다. 주周 왕실의 정치권력은 날로 쇠퇴하여 군사 수단을 이용해 종법 宗法 하의 정치질서를 유지 할 수 없었다. 이와 마찬가지로 주나라 왕실이 직면한 문제는 제후국 내에서도 빈번하게 발생하였다. 춘추시 대 이래 정권은 하향되고 왕명이 이행되지 않으면서 세 가지 역사 현 상이 야기 되었다. 첫째 열국의 내란, 둘째 제후의 합병, 셋째 융적戎狄 의 횡행이다. 이 세 가지는 모두 서주西周 후기 정치에서 부터 연속적 으로 이어져온 현상이었다. 이러한 현상이 미친 영향은 패권정치와 대부大夫 및 가신家臣의 집정이었으며, 이것이 바로 이 시기의 정치적 특색이었다.

춘추시기는 왕실의 쇠락으로 말미암아 정국政局의 중심은 제후에게 있었으며 주周 천자에게 있지 않았다. 그 정국의 변천에 대해서는 춘추시기를 전기 · 중기 · 후기로 나누어 설명할 수 있다. 전기는 패전霸前 시기라 한다. 노나라 은공隱公 원년에서 노나라 장공莊公 8년에 이르는 시기로, 정鄭나라를 중심으로 정鄭 · 송宋 · 노魯 · 위衛 · 제齊 등의 제후국들이 서로 싸우는 시기였다. 중기는 패정霸政 시기라 한다. 제齊 · 진晉 · 진秦 · 초楚등의 제후국들이 대항하는 시기였다. 후기는 패정霸政 쇠퇴의 시기라 한다. 노나라 장공莊公 9년부터 양공襄公 15년까지의 시기로 대부大夫 집정시기였다.

춘추 전기의 정鄭 · 송宋 양국은 지리적으로 왕기王畿에 가까워 천하의 중심에 있었기 때문에 주周 왕실 쇠퇴초기 중요한 역할을 맡았다. 특히 정鄭나라는 주실周室을 보좌하는 중임을 맡았기 때문에 군주 무공武公과 장공莊公은 주周 천자의 경사卿士를 임직하고 조정朝政을 장악하여 춘추 초기 정치활동의 중심이 되었다.

정鄭나라 장공莊公의 사망은 국내 내란으로 이어져 나라의 정세가 날로 쇠약해져 갔다. 이 무렵 뒤를 이어 일어난 제齊 · 진晉 · 진秦 · 초楚 네 나라는 각각 치열한 합병과 패권쟁탈을 전개하였는데, 춘추 첫 번째 패주는 제나라 환공桓公이었다.

제齊나라 양공襄公이 자신의 사촌동생에게 살해된 후 여러 공자公子들이 서루 다투어 마침내 환공桓公이 즉위하게 되었다. 관중管仲의 보좌를 받으며 인재를 등용하여 제나라는 크게 다스려지면서 패주의 자리를 확고히 하였다. 환공桓公은 일생동안 여러 제후들과 십여 차례 회맹會盟을 가지며 정치적으로 '존왕尊王'과 '양이攘夷'를 호소하였다. 그리고 천자의 지위를 명확히 밝히고 제후국의 민생을 보장하며 내란의 근원을 제거하면서 북방의 융적戎狄과 남방 초인楚人들의 침략에 공동으로 대항하였다. 그러므로 공자는 일찍이 다음과 같은 말을 하였다.

관중이 환공을 도와 제후를 제패하고 천하를 하나로 바로잡아 놓자 백성들은 지금까지도 그의 은덕을 받고 있다. 만약 관중이 아니었다면 우리는 아마도 머리를 풀어헤치고 옷깃을 왼쪽으로 여미는 이적夷狄이 되었을 것이다.

子曰 : "管仲相桓公, 霸諸侯, 一匡天下, 民到于今受其賜. 微管仲, 吾其被髮左衽矣." 『論語』, 「憲問」

대체적으로 환공桓公의 패업霸業은 주周 천자를 대신하여 주도周道를 이행하였다고 할 수 있으며 주周의 예법禮法은 이로 인해 어느 정도의 연속성을 이루게 되었다.

제齊나라 환공의 뒤를 이어 진晉·초楚 양국이 패권을 다투었다. 진晉나라 문공文公은 타고난 재능과 오랜 우환憂患 경험을 통해 마침내 성복城濮 전투에서 단번에 패권을 잡고 패주霸主가 되었다. 이 전쟁은 역사적 의의가 매우 중대한 것으로 초군楚軍의 연속적인 패배로 초인楚人들의 중원 침입이 저지 되었고, 북방 적인狄人의 세력은 점차 쇠퇴하여 중원 열국들은 이족異族의 유린을 면하게 되자 화하문화華夏文化는 오래도록 지속 될 수 있었다. 진晉나라 문공文公은 성복城濮에서 초군楚軍을 대패시키고 마침내 천토踐土에 왕궁을 짓고 주周 천자를 맞이하여 제齊·노魯·송宋·위衛·정鄭·채蔡·거莒 등 나라와 회맹會盟하고 함께 천자를 조회하며 패업을 이루었다. 그러나 『좌전』은 다음과 같이 기재하고 있다.

이번 회맹會盟에 진후晉侯가 왕을 불러 제후를 거느리고 조견朝見하게 하고 또 왕에게 사냥하게 하였다. 이에 대해 중니仲尼께서는 '신하로서 군주을 부른 것은 교훈이 될 수 없다.'고 하였다. 그러므로 경經

에 '천왕天王이 하양河陽에서 사냥하였다.'라고 기록하였다.

是會也, 晉侯召王, 以諸侯見, 且使王狩, 仲尼曰 : "以臣召君, 不可
以訓." 故書曰 : '天王狩于河陽.' 　　　　　　　『左傳』, 「僖公二十八年」

또 『사기』에서는 다음과 같이 말하고 있다.

천토踐土의 회맹會盟에서는 실제로 주나라의 천자를 불렀지만 『춘
추』는 그것을 피해 "천왕이 하양河陽에서 사냥을 하였다."라고 기록
하였다

踐土之會實召周天子, 而春秋諱之曰 : '天王狩於河陽.'
　　　　　　　　　　　　　　　　　　　　　　『史記』, 「孔子世家」

　인용문을 통해 알 수 있듯이 패주霸主가 천자를 불러 군신群臣들이
조회하는 것은 사실 예禮에 어긋나는 행위이며 왕실의 위상이 예전
보다 훨씬 못하다는 것을 반증하는 것이다.
　진晉나라 패주가 쇠퇴해지자 남만南蠻의 초楚나라가 점차 흥성하였
다. 초나라는 원래 형荊 이었으나 스스로 만이蠻夷라 칭하고 장왕莊王
때 이르러 마침내 제후국가 중 하나가 되었다. 초나라는 장왕 즉위 이
후 군대를 정비하고 손숙오孫叔敖를 영윤令尹으로 삼아 국정을 정돈하
고 내부를 결속하자 국세國勢는 날로 상승하였다. 진군晉軍을 비邲 지
역에서 대파하고 초나라의 패권을 세웠다. 이로 인해 초나라의 세력은
중원中原으로 더욱 깊숙이 진입하게 되었다.
　진晉 · 초楚의 장기적인 패권 다툼은 환공桓公의 패정 정치를 무시
했다는 것을 알 수 있다. 그들이 패주 지위를 쟁취하려는 목적은 각

지역의 제후를 종속시켜 더 많은 군사와 경제적 이익을 취하기 위해서 였다. 대체로 당시 제후들은 진晉·초楚 전후의 승리자에 대해 변방수비·축성築城·납공納貢·화폐·병거兵車를 제공하는 의무를 가졌다. 그렇지 않으면 진晉·초楚의 병사들은 반드시 그들을 멸망시켰다. 또한 송宋나라 화원華元·상수向戌 등이 평화 운동을 제창한 동기와 정치적 입장에서 보면 각 제후들은 이런 정치투쟁에 상당히 시달렸음을 알 수 있다.

춘추 말기 중원의 각 군주들은 정사를 대부분 대부들에게 위임하였다. 따라서 각국 대부들은 서로 정보를 교환하면 안으로는 파벌을 만들고 밖으로는 지지자들을 결속하였기 때문에 정치와 군사를 담당한 경족卿族세력이 날로 커져 대부가 정치를 장악하는 정치형태가 되었다.

진晉나라는 헌공獻公이 여러 공자公子를 주살한 후 경내境內의 종실宗室 세력을 대신하여 일어난 자들은 바로 경대부卿大夫 세력들이었다. 특히 문공文公이후 세력화된 경족卿族은 조씨趙氏·극씨郤氏·난씨欒氏·중행씨中行氏·범씨范氏 등이었다. 그러므로 춘추 말기 진晉나라 정치의 불안정은 주로 경족卿族의 권력이 군주보다 상위에 있었기 때문에 정벌이 그치지 않았다. 제齊나라 상황도 진晉나라 상황과 비슷하였다. 그러나 국내 강족強族이 비교적 적었으며 서로 합병과 공격의 정황은 진나라 보다 치열하지는 않았다. 처음 최씨崔氏는 경씨慶氏에 의해 멸망되었고, 경씨慶氏는 또 자신들 소속의 여러 귀족에게 공살攻殺 당하였다. 그 때문에 진씨陳氏는 난씨欒氏와 고씨高氏를 멸하고 제齊나라를 대체하는 형세를 이룩하였다. 노魯나라는 공족公族이 정사를 겸하였는데, 공족 중 계季·맹孟·숙叔 삼가三家가 제일 강대하였다. 이들은 모두 환공桓公의 뒤를 이었기 때문에 삼환三桓이라 불렸다. 삼환은 서로 싸우기도 하면서 공실公室을 서로 나누고 후에는 소공昭公이 삼환의 세력을 약화시키기 위해 모의를 하였으나 삼환은 오히려 연합하여 소공昭公을 축출하였으니 삼환의 전횡을 쉽게 짐작할 수 있다. 송나라는 화원華元·상수向戌 두 경족卿族 세력이 가장 막강하였다. 두 경족은 공족公族을 살해하고 송宋의 군주를 겁탈하여 질자質子를 교환하였다. 위衛나라는 헌공獻公이 손씨孫氏·영씨甯氏를 제거한 후 일시적으로 군주의 권한이 강대해 졌으나 영공靈公때 이르러 경족卿族 제씨齊氏와 북궁씨北宮氏 등이 연합하여 난을 일으키자 영공은 화를 피해 달아났다. 이후 북궁씨와 제씨가 서로 공격하게 되자 위군衛君이 다시 복위 할 수 있게 되었다. 열국 중 오직 정鄭나라만이 자산子産의 집정으로 인해 정치가 그나마 청명하였다. 기타의 제후국들은 경족卿族의 전횡으로 인해 대부大夫들이 난정亂政을 펼쳤다. 백성들은 빈번한 전쟁과 경족卿族들의 가혹한 세금징수로 인해 부담이 막중해지면서 생활이 매우 궁핍해졌다. 이러한 경족들은 서로 공벌攻伐하거나 종실宗室의 명의를 차용하여 사읍私邑을 확장하며 권력이 군주보다 상위에 있는 상황은 마치 춘추 초기 주周 천자와 제후들 간의 관계와 흡사하다. 이상을 통해 알 수 있듯이 춘추시기 정치 변화의 규칙은 정치 중심이 계속 하향 이동해갔다. 봉건질서의 붕괴는 중앙에서 시작하여 제후국으로 이어졌다. 그러므로 전국시기에 이르러 평민들의 궐기蹶起와 중앙집권제의 새로운 국면이 형성 될 수 있었다.

2. 사회적 배경

서주西周 건국 이래 봉건시대 예법禮法은 줄곧 제후들의 행위를 규범 하는 본보기가 되어 왔다. 예법은 시대와 환경의 발전, 주나라 사람들의 봉건적 성격, 정치적 기반에 따라 인구·신분·경제 등 요소와의 상호 작용아래 상당한 변화가 생겼다. 주周 왕실은 춘추시대에 접어들면서 왕실이 날로 쇠퇴해지자 천자는 봉건종법을 지탱할 역량을 잃은 후 친친親親·존존尊尊의 정신은 점차 해이해졌으며, 예禮의 존비尊卑 상하上下적 질서는 결국 모두 파괴 되었다. 횡적 측면에서 논하자면, 기원전 6세기 초 이래 조세 개혁은 국인國人과 야인野人의 차별이 없어졌고, 종적 측면에서 논하자면, 과거 각종 신분·지위세습이 변하지 않았던 고정적 전통도 동요가 일기 시작 하였다. 따라서 봉건귀족들의 예제禮制 방면의 참월僭越 행위는 날로 심해져 갔다. 『논어』에서는 다음과 같이 기재하고 있다.

> 공자가 계씨季氏를 두고 이렇게 말하였다. "자신의 뜰에서 팔일무八佾舞를 추는 이런 일까지 차마 할 수 있다면 그 무엇인들 차마 하지 못하랴?" 세 대부의 집에서 옹雍을 부르며 철상撤床하니 공자가 이를 두고 이렇게 말했다. "'제후가 제사를 돕고 있거늘, 천자는 엄숙히 주제主祭 하시네.'라 하였는데 저 세 대부의 집에서 어찌 이를 취하여 쓸 수 있는가?"
>
> 孔子謂季氏 : "八佾舞於庭, 是可忍也, 孰不可忍也?" 三家者以雍徹. 子曰 : "'相維辟公, 天子穆穆', 奚取於三家之堂?"
>
> 『論語』, 「八佾」

또한 고고학상의 발견에 의하면 기원전 7세기 후반이래로 귀족의 매장 제도에도 경대부가 천자의 예제인 구정九鼎과 팔궤八簋를 참용僭用하였음을 보여주고 있다. 이는 신분간의 지위 동요와 불안을 반영하고 있는 것이며 정권의 하향下向은 제후·대부 간의 참례僭禮 상황이 상당히 보편적이었음을 보여주는 것이다. 이외에 제후국 간의 상호공격으로 인해 주나라의 옛 봉국封國 세력들은 비교적 약자들이었기 때문에 합병의 재난 속에서 연이어 소멸 되어 갔다. 이러한 상황을 『사기』,「태사공자서」에서 다음과 같이 말하고 있다.

> 『춘추』 속에는 군주를 시해한 자가 36명, 나라를 망하게 한 자가 52명이며 제후로서 도망하여 그 나라를 지키지 못한 자가 수없이 많이 기록되어 있다.
>
> 春秋之中, 弑君三十六, 亡國五十二, 諸侯奔走不得保其社稷者, 不可勝數.　　　　　　　　　　　　　　　　『史記』,「太史公自序」

이를 통해 알 수 있듯이 사회질서를 유지하는 종법 예제는 이미 붕괴되었고 이러한 상황아래 신분 상승과 추락의 사회 유동이 지속되었다.

국제전쟁과 국내 정치투쟁은 사회적 지위를 전환시켜 신분의 등락을 초래하는 주요한 동력이 되었으며, 또 경제적 발전은 원래 지위가 높지 않았던 일부 사람들에게 신분상승의 기회를 안겨주었다. 또한 많은 사람들이 상공업의 경영 성공으로 비교적 높은 위치를 얻었다. 그러나 실제로 당시 이러한 상인들은 여유가 있으면 벼슬하여 더 높은 지위에 오르는 신분상승의 수단으로 삼는 사람들이 상당히 많았다. 경제적 성과가 상류사회로 통하는 통로를 열어준 셈이다. 그리고 교육면에 있어서도 과거에는 귀족과 국인國人들만 교육을 받을 수 있었으나 춘추 말기 공자를 비롯한 제자백가들의 노력으로 인해 사인강학私人講學과 같은 교육활동이 성행하기 시작하여 귀족과 국인國人들만의 교육은 타파되고 학술의 개방으로 교육은 민중화 되었다. 공자를 비롯한 당시의 강학講學은 일부 하층민들로 하여금 훈련을 받게 하고 필요한 정치지식과 재능을 구비하는 환경을 갖추게 하여 벼슬길에 오르는 기회를 제공하였다.

상술한 사회현상의 영향으로 인해 사회계층의 변화는 매우 격렬하여 춘추 말기 사士의 수는 급증하였다. 귀족들이 끊임없이 사士로 전락하는 반면, 서민들은 교육에 힘입어 사士의 신분으로 상승하는 등의 상황이 사士의 급증을 초래하였다. 사士의 계층이 확대되면서 그 성격도 변화하기 시작하였다. 사士들은 이미 고정된 봉건관계에서 벗어나 '士無定主'의 상태에 접어들었으며 이 시기의 사회에 들어 많은 학문과 지식을 소유한 사인士人들이 대거 출현하였다. 사인들은 벼슬을 전업으로 하고 사·농·공·상 중 서민의 으뜸이 되었으며 동시에 정치적으로 자신들의 활동공간을 찾기 위해 노력 하였다. 이러한 사士 계층의 흥기는 중국문화사 상의 일대 사건일 뿐만 아니라 중국사회와 정치상의 일대 전환의 관건이기도 하다.

춘추시기 사회의 급격한 변화는 예속禮俗과 도덕관념에서도 나타난다. 서주西周시기는 본래 예치禮治 사회였다. 관혼상제 및 사교 음연飲宴을 막론하고 사회 계층을 따라 다양한 예의禮儀가 존재하였으며 더욱이 예禮의 장기적인 시행에 따라 존비尊卑 관념을 양성하며 참월僭越할 수 없는 풍속습관과 도덕기준을 확립하여 춘추시대로 접어들었다. 그러나 빈번한 전쟁과 정치 및 경제의 변화로 인해 전통적인 예속

禮俗과 도덕관념 역시 파괴되어 사회풍조는 마침내 급격히 변화하였다. 가장 먼저 변모한 사회풍조는 참월僭越과 반역의 풍기가 존비尊卑 질서의 예치禮治를 대신하게 되었다.

춘추시기 전통도덕의 파괴는 남녀관계에서도 나타난다. 군주가 신하의 부인과 간통하는 경우가 그러하다. 예를 들면 제齊나라 장공莊公이 최저崔杼의 아내와 사통한 경우이다. 그리고 군후君后가 군주의 동생과 사통한 경우도 있는데, 주周 양왕襄王의 후后가 왕숙대王叔帶와, 노魯나라 장공莊公의 후后 애강哀姜이 경부慶父와의 사통 등의 경우이다. 또 군후君后가 대부와 사통한 경우도 있다. 이를테면 노魯나라 목강穆姜이 숙손교叔孫喬와 사통한 경우이다. 심지어 형제부자의 인륜관계를 고려하지 않고 외설적인 일이 발생하기도 한다. 예를 들면 제齊나라 양공襄公이 문강文姜과 불륜을 저질렀는데 이는 오빠와 이복 여동생 간의 통간이다. 그리고 진晉나라 헌공獻公과 제강齊姜과의 일은 국군國君과 그 서모庶母의 불륜 행위이다. 이러한 여러 가지 사실들은 춘추시기 귀족생활의 타락과 외설풍습의 성행을 증명하는 것이다. 지나친 남녀관계의 개방은 전통도덕의 파괴를 반영하고 있으며 예교禮敎 관념을 배척하는 것이다. 이러한 사실을 통해 그 사회의 변화가 급격히 진행되고 있음을 확인할 수 있고, 남녀관계의 문란은 정鄭·위衛·제齊·노魯와 같이 중원의 경제문화가 발전한 지역에서 가장 성행했다는 역사적 사실도 알 수 있다. 또한 춘추시기 사회 도덕적 변천도 알 수 있으며 중원지역의 변화가 가장 급격했음을 알 수 있다.

이상의 사회배경을 결론적으로 말하자면, 춘추시기 봉건체제의 붕괴로 인해 사회질서가 파괴되고, 전통적 예속禮俗과 도덕의 파괴가 왕권을 실추 시켰다. 또한 백성들의 지식 보급과 각국의 정치·경제변화

및 빈번한 전쟁은 사회 계급의 이동을 가속화 시켰고 이로 인해 사土 계열의 집단이 번성하게 되면서 급격한 사회변화를 야기하였다.

3. 경제배경

춘추시기 경제 분야에도 현저한 변화를 보였다. 농업과 수공업 분야에 큰 발전을 이루었을 뿐만 아니라 상업 역시 전례 없는 발전을 보였다.

춘추 초기의 토지는 여전히 귀족의 소유였으나, 춘추 중엽 이후 귀족이 쇠퇴하자 토지는 점차 각 민족에게 집중되었다. 더욱이 각 국이 전공戰功을 장려하여 유공 전사들에게 매번 농지를 주자 사회질서는 더욱 문란해져 농민들도 기회를 틈타 토지를 약탈하는 경우도 있었다. 이로 인해 토지사유제는 토지겸병의 풍조에 따라 점차 흥행하게 되었으며 토지제도 역시 점진적인 변화를 하였다. 토지사유제가 형성되기 전에 조세의 주요 근원은 농지에 있었으며 농지에 대해 채택한 조세방법은 '자전이력藉田以力' 노역지勞役地 세금이었다.

춘추 중기 이후 토지사유제가 점차 흥행하게 되자 자연적으로 새로운 조세제도가 생겨났는데 이것이 바로 실물지세實物地稅이다. 백성들은 더 이상 노동력으로만 경작을 돕지 않고 정부나 귀족에게 현물을 납부하고 정부나 귀족은 그에 상응하는 세액을 정하게 되었다. 이 새로운 조세제도는 최초로 중원中原 여러 나라에서 시행되었다. 제齊나라에서는 관중管仲의 집정시기 '상지이쇠정相地而衰征'이라 하여 토지의 수입에 따라 세금을 징수하였으며, 노魯나라 선공宣公 15년에도 '초세묘初稅畝'라 하여 토지의 면적을 실제로 측량하여 세금을 징수하는

'이묘이세履畝而稅'를 시행하였다.

이러한 조세제도의 변화는 표면적인 현상에서 말하자면 조세제도 자체의 변화일 뿐이지만, 실제적인 의미에서는 오히려 노동력 속박의 해체를 촉진하였다. 백성들 자신의 모든 노동력을 개인의 경지와 수공업에 자유롭게 투자하여 농업생산의 증대와 수공업의 번창에 무형의 조력을 하였기 때문에 당시의 경제 발전과도 밀접한 영향이 있었다. 이밖에 사회적 의미에서 보면 농민들이 토지에 얽매어져 있는 봉건제도의 붕괴를 의미하지만, 사실은 농민들의 봉건 속박으로부터 해방이라고 볼 수 있다.

상업 분야에 있어서는 춘추시기 상업은 수공업과 농산품을 그 기초로 하였다. 당시 백성들은 산림과 수원지의 대량 개발과 철기 농기구, 우경牛耕의 응용 및 교통의 편의 등으로 인해 각 지역의 토산물이 대량으로 교류되기 시작하였다. 이로 인해 생산 능력을 향상시키며 상업의 발전을 촉진시켰기 때문에 춘추 말에 이르러 상업은 이미 현저한 수준에 이르렀다.

상업 경제가 어느 수준에 도달하면 시장을 독점하는 거상이 나타나는 것은 자연스러운 것이다. 『사기』, 「화식열전」에는 공자의 제자 자공子貢과 상인의 비조 백규白圭 등 여러 사람이 등장한다. 그 중 최고는 단연 범려范蠡이다. 범려는 재물의 신[財神] 또는 상인의 성인[商聖]으로까지 일컬어지는 인물이다. 범려는 당시 무역을 경영하여 큰 이익을 얻는 방법 세 가지를 언급한 적이 있다.

첫째, '務完物'로, 물자를 온전하게 보존하는데 힘쓰는 것이다. 둘째, '無息幣'로, 자금을 묵혀서는 안 된다는 것이다. 즉 자금의 신속한 흐름에 주목하는 것이다. 셋째, '貴出如糞土, 賤取如珠玉'으로, 값이 오르면

오물 버리듯 내다 팔고, 값이 내리면 주옥을 얻은 듯 사들이는 것이다. 물가의 등락을 따라 적시에 결단을 내려 싸게 사서 비싸게 파는 것이다.

범려는 자신의 윤리를 응용하여 거부가 되었다. 19년 동안에 세 차례나 천금을 모았으며, 두 번은 가난한 친구들과 먼 친척 형제들에게 나누어 주었다. 이것이 이른바 '부유하면 즐겨 덕을 행한다'는 말이다. 그 뒤 나이가 들어 늙자 자손들에게 일을 맡겼고, 자손들은 사업을 발전시켜 마침내 재산이 억만 금에 이르렀다. 그래서 부자하면 모두 도주공陶朱公[범려]을 칭송한다.

이외에 공자제자 자공子貢역시 조曹나라와 노魯나라 간의 무역을 통해 부를 이루었다. 『사기』, 「화식열전」에 다음과 같이 기록하고 있다.

> 자공子貢은 공자에게서 배운 뒤에 물러나 위衛나라에서 벼슬을 했으며, 물건을 싸게 사서 비싸게 파는 방식으로 조曹나라와 노魯나라를 오가며 장사를 하였다. 공자의 70여 제자들 중에서 자공이 가장 부유했다. 원헌原憲은 술지게미나 쌀겨 조차 배불리 먹을 수 없었으며 후미진 골목에 숨어 살았다. 자공은 사두마차와 기마 호위병을 거느리고 비단을 폐백으로 들고 제후들을 만나 바쳤는데, 가는 곳마다 국군들과 대등하게 예를 나누지 않는 경우가 없었다. 무릇 공자의 명성이 천하에 널리 알려지게 된 것도 자공이 앞서서 보조하였기 때문이다.
>
> 子贛(貢)既學於仲尼, 退而仕於衛, 廢著鬻財於曹魯之間. 七十子之徒, 賜最爲饒益. 原憲不厭糟糠, 匿於窮巷. 子貢結駟連騎, 束帛之幣, 以聘享諸侯, 所至, 國君無不分庭與之抗禮. 夫使孔子名布揚於天下者, 子貢先後之也.

자공子貢의 경우 화식貨殖 관계로써 군주와 동등한 관계를 가질 수 있었다. 이것은 상업을 통해 얻은 경제력이 봉건사회의 계급관념을 파괴했다는 것을 의미한다. 그리고 경제 발전은 점차 부의 집중과 빈부의 격차를 심화시켰고 부자의 위세와 명성은 혁혁하여 재력이 군주를 위태롭게 할 수도 있었다. 따라서 이 시기 학술·사상면에 있어서 군주의 권한을 존중하는 자들은 상업을 억제하는 주장을 내세우며 농업을 중시하며 상업을 규제하는 인식이 점차 성행하였다.

제2절

공자 생평

　공자생애를 서술하는 것은 쉬워 보이지만 사실 매우 어렵다. 공자의 생애는 예로부터 쟁론이 끊이지 않았다. 그 주요한 원인은『春秋公羊傳』·『春秋穀梁傳』과『史記』,「孔子世家」의 기록이 저마다 견해가 다르기 때문이다. 남송의 대유학자인 주희朱熹도 이 문제를 해결하지 못하였다.[1] 비록 공자의 생애에 대해 상세한 고찰과 확정은 불가능하지만 역대 전적들을 참고하여 그의 생애를 소개한다.

　공자는 춘추시기 노魯나라 창평향昌平鄕 추읍陬邑 궐리闕里사람이

---

1) 공자 출생에 대한 기록을 살펴보면,『公羊傳』,「魯襄公」에 "二十有一年, ……, 九月庚戌朔, 日有食之. 冬十月庚辰朔, 日有食之. ……, 十有一月, 孔子生."이라는 기록이 보이고,『穀梁傳』,「魯襄公」에 "二十有一年, ……, 九月庚戌朔, 日有食. 冬十月庚辰朔, 日有食之. ……, 庚子, 孔子生."이라는 기록이 있으며,『史記』,「孔子世家」에 "魯襄公二十二年而孔子生."이라는 기록이 보인다. 이상의 세 가지 자료는 공자의 연대와 가장 가까우며 신뢰할 수 있는 문헌들이다. 그러나『公羊傳』과『穀梁傳』은 年과 日은 동일하나 月은 차이가 있다.『史記』는 年만 기재되어 있어 후대 논쟁이 되고 있다.

대현 山東省 曲阜縣]. 이름은 구丘, 자는 중니仲尼이며 B.C.551년 9월 28일[周, 靈王21年, 魯, 襄公22年, 夏曆 8月27日]에 태어나 B.C.479년 3월 4일[周, 敬王41年, 魯, 哀公16年, 夏曆 2月11日]2)에 사망하였으며 향년 73세였다.

공자의 선조는 송宋나라 귀족이다. 송나라의 시조는 미자계微子啓이며 그가 죽자 그의 동생 미중微仲이 지위를 계승하였다. 아마도 미중이 바로 전설상의 공자 원조遠祖인 듯하다. 공자의 5대조 목금보木金父는 부친인 공보가孔父嘉가 궁정宮庭 내분 속에서 피살되어 화를 피해 송나라에서 노나라로 옮겨 갔다. 공자의 부친은 숙량흘叔梁紇이다. 미중에서 숙량흘에 이르기까지 모두 14대로서 그중 비교적 이름을 남긴 사람은 단 4명이다. 즉 불보하弗父何·정고보正考父·공보가孔父嘉와 숙량흘叔梁紇이다. 『사기』의 기록은 간략한데 사마정司馬貞은 『사기』의 주석서인 『사기색은史記索隱』에서 『공자가어』를 인용하여 보충하고 있다.

> 공자는 송나라 미자의 후손이다. 송 양공은 (嗣子)불보하를 낳았는데 그는 자기 동생 여공에게 양위했다. 불보하는 송보주를 낳았고 주는 세자 승을 낳았으며 승은 정고보를 낳았고 고보는 공보가를 낳았다. (종법제도상의)5대의 친족관계가 다하자 따로 공족이 되어 성을 공씨라 하였다. 공보는 자목금보를 낳고 금보는 역이를 낳았고 역이는 방숙을 낳았다. (방숙은 송나라)화씨의 위협을 두려워해 노나라로 달아나 공씨는 노나라 사람이 되었다.

---

2) 공자의 사망일은 『左傳』과 『史記』가 동일하다. "以魯哀公十六年四月己丑, 孔子卒."라고 되어 있으니, 哀公 16년 夏曆 2월 11일이다[B.C.479년 3월 4일].

孔子, 宋微子之後. 宋襄公生弗父何, 以讓弟厲公, 弗父何生宋父
周, 周生世子勝, 勝生正考父, 考父生孔父嘉, 五世親盡, 別爲公族,
姓孔氏. 孔父生子木金父, 金父生睪(역)夷, 睪夷生防叔, 畏華氏之
逼而奔魯, 故孔氏爲魯人也.

사가史家의 기록에 의하면 공자 선세先世중 4명의 사적만이 언급되
고 있다. 불보하弗父何는 적자로서 군주의 자리에 오르는 것이 당연하
였으나 여공厲公에게 양위하여 요순堯舜의 기풍을 갖고 있었다고 전해
진다. 그리고 정고보正考父는 세 차례나 고명誥命을 받고 상경上卿의
지위에 있었으나 오히려 겸양과 검소함으로 그 명성이 후세에 널리
알려졌다. 공보가孔父嘉는 사마司馬의 지위에 있으면서 송宋의 군주가
시해되는 사건을 조사하던 중 피살되었다. 숙량흘叔梁紇은 비록 노魯
나라 하층 귀족에 속하였으나 두 차례의 전공을 세웠다. 그러나 나머
지 선조들은 춘추경전에 전해지지 않는다. 아마도 일생을 평범하게
살았기 때문에 평가할만한 점이 없었던 것 같다.
  종법제도상 공보가孔父嘉가 5대의 친족관계가 다하자 따로 공족公
族이 되어 성을 공孔씨라 하였다. 공씨 일가는 방숙防叔 때에 이르러
화씨華氏의 위협을 피해 노나라로 망명하였다. 숙량흘叔梁紇은 전공戰
功이 있었으나 정치적 지위는 비교적 낮은 사士의 지위에 머물렀다.
공자는 이러한 가정에서 태어났다. 『사기』에서는 다음과 같이 서술하
고 있다.

  그의 선조는 송宋나라 사람으로 공방숙孔防叔이라 하였다. 방숙이 백
  하伯夏를 낳고 백하는 숙양흘叔梁紇을 낳았다. 숙양흘은 안씨顏氏의
  딸과 야합野合하여 공자를 낳았는데, ……, 구丘가 태어난 후 숙양흘

이 죽자 방산防山에 장사를 지냈다.

其先宋人也, 曰孔防叔. 防叔生伯夏, 伯夏生叔梁紇. 紇與顏氏女野
合而生孔子, ……, 丘生而叔梁紇死, 葬於防山. 『史記』, 「孔子世家」

공자가 3살 되던 해에 부친 숙량흘叔梁紇은 대가족을 남겨두고 세상
을 떠난다. 숙량흘叔梁紇은 사士의 신분으로 봉록이 있었을 뿐 고정된
수입이 되는 봉토가 없었다. 그가 죽고 난 뒤 봉록마저 끊어졌다. 당시
의 생계는 겨우 18세를 넘긴 어린 여성이 감당하기는 어려웠다. 당시
공자 집안에 어떠한 일이 발생했지 그 상세한 정황은 알 수 없으나
말년에 이르러 공자는 지난날을 회상하며 다음과 같이 말했다.

나는 어려서 빈천하였다. 그렇기 때문에 비천한 일에 능한 바가 많다.

吾少也賤, 故多能鄙事.   『論語』, 「子罕」

유년시절 생활의 어려움은 그의 성장에 큰 시련을 주었다. 공자는
생계를 위해 하급관직인 위리委吏라는 창고관리직과 승전乘田이라는
가축을 관리 사육하는 직무를 맡은 적이 있었다. 그러나 공자는 주周
나라 예禮를 집대성한 노魯나라에 살면서 어려서부터 예禮를 마음에
담으며 성장하였다.

공자가 어렸을 때 놀이를 할 때면 늘 제기를 늘어놓고 제사지내는
예용禮容을 흉내 냈다.

孔子爲兒嬉戲, 常陳俎豆, 設禮容.   『史記』, 「孔子世家」

이러한 유년시절을 보내고 청소년기에 접어들면서 공자는 학문에 뜻을 두고 자립을 추구한다.

나는 열다섯에 배움에 뜻을 두었고, 서른에 바르게 섰다[成立, 樹立].

吾十有五而志于學, 三十而立. 『論語』, 「爲政」

즉 15세에 학문에 뜻을 두고 30세에 자립할 수 있었다고 한다. '자립했다, 스스로 서다.'라는 것은 사회적으로 인정을 받았다는 의미이다. 공자가 서른에 자립했다는 것은 대국인 제齊나라 경공景公과 대신 안영晏嬰의 회견에 참석했다는 사실을 통해 확인할 수 있다. 그러나 공자의 자립은 주로 정신 경지의 실현에 있었다. 오랜 기간 부단한 학습과 사고를 통해 공자는 자신의 가치관을 수립했다. 즉 남과 달리 출중하게 자립할 수 있었던 이유는 바로 예禮를 익혔기 때문이었다. 이는 공자가 30세 전후에 예禮에 정통하였음을 알 수 있는 대목이다. 아울러 이 시기부터 사학을 세워 제자를 교화하기 시작하였으며 이후 그를 따르는 학자가 3천명에 달하고 육예六藝에 능통한 제자가 72명에 이르렀다. 이러한 공자의 일생이 후세에 남긴 공功은 사마천司馬遷이 잘 말해주고 있다. 그는 「태사공자서」에서 다음과 같이 서술하고 있다.

주周 왕실이 쇠락해지자 제후들은 제멋대로 행동하였다. 공자孔子는 예악禮樂이 붕괴되는 것을 슬퍼하여 경서經書의 학술을 연구하고 왕도를 재건하고 어지러운 세상을 바로잡고자 하였다. 이에 자신의 사상을 글로 나타내어 천하를 위하여 예의규범을 만들고 육예六藝의 강령을 후세에 남겼다. 이에 제17편 「공자세가孔子世家」를 지었다.

周室既衰, 諸侯恣行. 仲尼悼禮廢樂崩, 追修經術, 以達王道, 匡亂
世反之於正, 見其文辭, 為天下制儀法, 垂六藝之統紀於後世. 作孔
子世家第十七.   『史記』, 「太史公自序」

이러한 공자의 사상이 후세에 끼친 영향은 동양문화 2천 5백여 년에
이른다.

노魯 소공昭公 25년 노나라에 변란이 발생하자 소공이 권신權臣인
계씨季氏를 토벌하는데 실패하고 소공이 제齊나라로 도망하자 공자도
제나라에 피난한다. 제나라에 있었을 당시 제나라 경공景公은 공자를
매우 존경하였으나 그를 중용할 수 없었기 때문에 얼마 후 공자는 노
나라로 돌아간다. 그 후 소공이 죽자[B.C.510년, 魯 昭公32년] 정공定
公이 즉위하였다. 정공9년[B.C.501년] 양호陽虎와 공산불요公山弗擾는
계씨季氏를 배반하고 반란을 일으켜 공자에게 도움을 받으려 했으나
공자는 결국 돕지 않았으니 공자의 지혜를 엿 볼 수 있다. 결국 반란은
실패로 돌아가고 양호는 제齊나라로 달아났다. 노나라의 삼환三桓은
이 반란을 통하여 재능과 충심을 가진 인물을 정치에 참여시키는 문제
를 진지하게 고려하기 시작하였다. 이러한 기연機緣 속에 노 정공10
년, 51세가 되어 천명天命을 알게 된 공자는 중도재中都宰에 임명되고,
사공司空을 거쳐 노나라 대사구大司寇가 된다.

B.C.500년 노魯나라 정공定公10년, 정공定公과 제齊 경공景公이 협
곡[夾谷, 노나라 북쪽 국경부근]에서 회맹會盟이 결정되자 노 정공은
공자를 예상禮相에 임영하고 자신을 보좌해 회맹에 참석하도록 하였
다. 삼환[三桓, 孟孫·叔孫·季孫]이 국정을 장악한 이래로 노나라 군

주가 제후들과 회맹할 때는 삼환이 국상國相으로 수행하는 것이 관례였는데 공자가 그 역할을 맡게 되었다. 공자는 정공을 도와 무례한 제나라를 질책하며 제나라의 침략으로 뺏겼던 4개의 읍과 문양汶陽 땅을 되돌려 받았다. B.C.498년 노魯나라 정공定公12년, 공자는 섭행 상사〔攝行相事, 국상을 보좌해 국정을 다스리는 자리〕가 되어 '휴삼도 墮三都'를 건의 한다. 군주의 권한이 약해진 노나라는 삼환이 실권을 장악하고, 각자의 땅에 성을 쌓아 군사를 배치해 세력을 키우고 있는 상황에서 공자는 군주의 권위를 되찾고 백성을 구제하기 위해 그들의 성을 허무는 건의를 한다. 마침 공자제자 자로子路가 계손씨 가신家臣의 총관으로 있었기 때문에 공자는 가능하리라 여겼다. 그러나 후읍郈 邑과 비읍費邑의 성벽은 철거 되었으나 맹손씨의 저항으로 성읍成邑은 실패한다. 이 사건은 정치개혁, 그리고 세력과 이익의 재분배에 관련 된 것이었기 때문에 군주와 삼가三家의 공통된 의식 없이 각자 자신의 경계를 지키다가 결국 실패하여 종식된다. 이 일로 인해 자로는 계씨의 총관에서 해임된다. 더구나 공자는 숙손씨와 계손씨의 의심을 샀으니 노나라 정가에서 그의 곤경이 시작될 조짐이 나타나게 된다.

휴삼도墮三都의 정치개혁 실패로 인해 삼환을 약화시키고 정권을 군주에게 환원하려는 계획은 수포로 돌아간다. 동시에 제나라에서는 공자를 정계에서 퇴출시키기 위하여 여러 궁리 끝에 여 악사들을 노 정공과 계환자에게 보내자 이들은 정사를 소홀히 하게 된다. 그리고 얼마 후 노나라 교제郊祭가 거행 되었다. 교제가 끝난 뒤 제물로 사용된 희생 고기를 대부들에게 보내게 되는데 공자는 제외되었다. 이는 곧 공자를 무시하는 태도로서 공자는 더 이상 노나라에서 설 자리가 없다는 의미이다. 이 일로 인해 55세의 공자는 제자들과 노나라를 떠나 자신의 정치 이념을 실현 할 수 있는 현군을 찾아 긴 여정에 돌입한다.

공자는 B.C.497년 定公 13년 봄부터 열국을 주류하기 시작해 B.C.484년 애공哀公 11년 가을 노나라로 돌아올 때까지 14년간 위衛·조曹·송宋·정鄭·진陳·채蔡·초楚 등 7개국을 방문했다. 공자가 주로 머물렀던 나라는 위나라와 진나라였다. 진나라에서는 4년 위나라에서는 10년 가까이 머물렀다. 진陳나라로 가는 도중 광匡지역에서 양호陽虎로 오인되어 공자를 가두어 버리는 일[B.C.496년 魯 定公14년], 송宋나라 사마환퇴司馬桓魋가 공자를 죽이려 한일[B.C.492년 魯 哀公3년], 진陳나라와 채蔡나라 국경에서 양식이 끊어진 일[B.C.489년 魯 哀公6년] 등의 고난을 겪었다.

공자가 노나라를 떠난 이유는 현명한 군주를 만나 도를 행하기 위한 것이었다. 그러나 공자는 10여 년을 분주히 돌아 다녔지만 정치적 포부를 펼칠 기회가 없었다. 노 애공哀公11년 B.C.484년 68세의 공자는 드디어 14년의 유랑 생활을 마치고 조국인 노나라로 돌아온다. 노나라로 돌아온 공자는 실제 권한은 없었지만 국가 원로로 국정의 고문을 맡으며 상당한 존중을 받았다. 예를 들면 계씨가 전부세를 부가하는 문제[B.C.484년 魯 哀公11년], 애공과 계강자季康子가 정사에 자문을 구한 일[B,C.483년 魯 哀公12년] 등등이다. 그러나 노나라는 결국 공자를 등용하지 않았고 공자 역시 관직을 구하지 않았다. 이에 공자는 육경六經을 서술하고 제자를 교화하며 만년을 보낸다. 애공 14년 B.C.481년 노나라가 서쪽으로 사냥을 나갔다가 기린을 잡자 공자는 『춘추』를 지었다. 그리고 애공 16년 B.C.479년 4월 기축己丑일[夏曆 2月 11日] 병으로 드러누운 지 7일 만에 세상을 떠나니 향년 73세였다.

노성[魯城, 현 曲阜] 북쪽 사수泗水가에 장례를 지냈다. 제자들이 모두 심상 3년을 하였고 자공子貢만이 무덤가에 움막을 짓고 6년을 지냈다.

禮의 기원과 禮의 의의

제1절

禮의 기원

1. 문자 구조를 통해 본 예의 기원

예禮는 고대동양 인류의 생활과 서로 밀접한 관계를 유지하며 수천 년을 이어온 동양문화의 근본이다. 그러나 예禮의 기원을 고찰하기에 는 오히려 상당히 복잡하다. 우선 춘추전국시대의 공자孔子와 순자荀子의 주장을 살펴보면 상당한 차이가 있음을 쉽게 알 수 있다. 순자는 예의 기원에 대하여 다음과 같이 말하였다.

예禮는 어디에서 기원하였는가? 사람은 나면서부터 욕망을 가지고 태어난다. 욕망이 충족되지 못하면 그것을 추구하지 않을 수 없다. 그러나 욕망을 추구함에 있어서 일정한 기준이나 한계가 없다면 다 툼이 일어나게 된다. 다툼이 일어나면 사회는 혼란하게 되고 혼란하 게 되면 사회가 곤경에 빠져들 수 있다. 옛 선왕先王이 이러한 혼란 을 싫어하였기 때문에 예의禮義를 제정하여 구분하였으며, 사람의 욕구를 기르고 그 욕구를 충족시키되, 욕망이 결코 물질로 인해 곤경에 빠지는 일이 없게 하고 물질이 결코 욕망으로 인해 고갈되는 일이 없게 함으로써 이 두 가지가 서로 견제하며 발전하도록 하였으니, 이것이 예禮의 기원이다.

禮起於何也? 曰："人生而有欲, 欲而不得, 則不能無求, 求而無度量分界, 則不能不爭. 爭則亂, 亂則窮. 先王惡其亂也, 故制禮義以分之. 以養人之欲, 給人之求, 使欲必不窮乎物, 物必不屈於欲, 兩者相持而長, 是禮之所起也."
『荀子』,「禮論」

순자는 예禮가 인욕人欲 대한 소통과 절제에서 비롯되었으며, 옛 선왕先王들이 예의禮義를 제정하여 인간의 욕망과 요구, 분수의 절제와 혼란을 저지하는 귀착점으로 삼았다고 생각하였다. 순자는 백가쟁명百家爭鳴과 학술 사상이 발달한 시대에 태어났다. 그러므로 그의 논지는 대다수 인성의 욕망에서 출발하여 당시 시대적 배경의 영향을 많이 받았다. 그러나 공자는 오히려 예의 기원에 대하여 긍정적인 설명이 없다. 그는 단지 예의 진화과정을 설명하는 가운데 문헌이 부족하여 그 기원을 알 수 없음을 한탄하였다.

공자가 말하였다. "하夏나라의 예禮[문물제도]를 내가 말할 수 있으나, [그 후손의 나라인]기杞나라에서 충분히 증거를 댈 수가 없다. 마찬가지로 은殷나라의 예를 내가 말할 수 있으나, [그 후손의 나라인]송宋나라에서 충분히 증거를 댈 수가 없다. 이는 문헌[文章과 賢才]이 부족하기기 때문이다. [문헌이]충분하다면 내가 증명해낼 수 있을 것이다."

子曰："夏禮, 吾能言之, 杞不足徵也. 殷禮, 吾能言之, 宋不足徵也. 文獻不足故也. 足則吾能徵之矣."
『論語』,「八佾篇」

공자는 순자보다 앞서 태어났다. 공자는 문헌 부족으로 인하여 명확한 예禮의 기원을 설명 할 수가 없다고 하였다. 그러나 『예기정의』를 살펴보면 그 대강을 우리는 추측 할 수가 있다.

무릇 예禮는 천지를 다스리고 인륜을 다스리는 것이다. 그 기원은 천지가 나누어지기 전이다. 그러므로 「禮運」에서 말하기를 "예는 반드시 태일太一에 근본 한다."라고 하였다. 이것은 천지가 나누어지기 전에 이미 예禮가 있었다는 것이다. 예禮는 이理이다. 예로써 다스리면 천지가 함께 흥기 할 것이다. 그러므로 『左傳』, 「昭公二十六年」에 안자晏子는 "예禮가 나라를 다스린지[도구로 쓰인지는] 오래 되었으니 천지와 함께 일어났다."라고 하였다. 그러나 (상고)시대는 질박함과 간략함으로 인해 사물이 생겨나면 자연히 존비尊卑가 있기 마련 이였으니 새끼 양이 꿇어 앉아 젖을 먹고, 기러기가 열을 지어 나르는 것과 같은 경우는 어찌 가르쳐서 그렇게 된 것이겠는가?

夫禮者, 經天地, 理人倫, 本其所起, 在天地未分之前. 故「禮運」云 : "夫禮必本於大一." 是天地未分之前已有禮也. 禮者, 理也. 其用以治, 則與天地俱興, 故昭公二十六年『左傳』稱, 晏子云 : "禮之可以爲國也久矣, 與天地並." 但於時質略, 物生則自然而有尊卑, 若羊羔跪乳, 鴻雁飛有行列, 豈由教之者哉!

이상에서 보는 바와 같이 예의 기원은 상당히 오래 되었음을 알 수 있다.

예禮는 어떻게 기원하였는가? 먼저 문자 결구상의 '禮'자의 연원을 살펴보자. 현재까지 출토된 은허殷墟 갑골문甲骨文과 양주兩周[東周와 西周] 금문金文을 살펴보면, 단지 '示'자가 없는 '豊(예)'자만이 존재하는 것으로 보아 '示' 편방의 '禮'자는 없었음을 알 수 있다. 허신許愼의 문자 결구 설명에 의하면 그는 '禮'와 '豊(예)'에 관하여 다음과 같이 설명하고 있다.

예는 밟는다[실천하다]는 뜻이니 신神을 섬겨 복을 구하는 것이다. 示와 豊(예)로 구성 되었다. 豊(예)는 또한 발음이다. 𥘰는 고문 禮이다.

禮, 履也. 所以事神致福也. 從示從豊, 豊亦聲. 𥘰, 古文禮. 『說文解字』, 「一上示部」

豊(예)는 예禮를 행할 때 쓰는 그릇[제기]이다. 豆로 구성되었다. [나머지 자형은]상형이다. 豊(예)부에 속하는 문자들은 모두 豊(예)의 의미를 따른다. 禮와 동일하게 발음한다.

豊, 行禮之器也. 從豆象形, 凡豊之屬, 皆從豊, 讀與禮同.

『說文解字』, 「五上豊部」

그리고 왕국유王國維는 『석례釋禮』에서 다음과 같이 말하고 있다.

豊(예)는 珏[각, 두 개의 옥을 凵(감)속에 넣은 것이다. 豆로 구성된 회의문자이며 상형은 아니다. 玉을 담아 신에게 바치는 사람들이 쓰는 그릇을 일컫는 것이다. ……, 사람이 신神에게 바치는 일을 예禮라 한다.

豊以珏在凵中, 從豆乃會意字, 而非象形. 盛玉以奉神人之器謂之 ……, 奉神人之事謂之禮.   『觀堂集林』, 「釋禮」

상문은 고대 사람들이 용기에 옥기를 가득 담아 신령에게 바치는 제사활동을 예禮라고 하였음을 알 수 있다.

또 허신許愼은 '豆'자를 다음과 같이 설명하고 있다.

> 豆는 옛날 고기를 담아 먹던 그릇이다. 口[위, 그릇의 음식 담는 곳]로 구성되었다. 상형이다. 豆부에 속하는 한자는 모두 豆의 의미를 따른다. 𣅊는 豆의 고문이다.
>
> 豆, 古食肉器也. 從口象形. 凡豆之屬皆 從豆. 𣅊, 古文豆.
>
> 『說文解字』, 「五上豆部」

그리고 왕균王筠은 『설문석례說文釋例』에서 다음과 같이 말하고 있다.

> 이 문자는 전체가 상형이며, 一은 [용기에]담은 물건의 상형이다. 고문 𣅊는 물건이 두豆) 속에 있는 것이다. ……, 屮는 [豆의]다리 자루와 밑 부분이며, 𣅊는 서로 연결되어 몸체가 된 것이니 분리할 수 없다.
>
> 此字通體象形, 一象所盛之物, 古文𣅊, 物在豆腹之內. ……, 屮則柄與底也, 𣅊相連爲體, 不可割裂.

이상의 주장에 의하면, '豆'는 고대 음식을 담는 예기禮器임을 알 수가 있다. 그리고 『爾雅』, 「釋器」편을 살펴보면 '豆'를 다음과 같이 분류하고 있다.

목두를 두豆라하며, 죽두는 변籩이라 하고, 와두는 등登이라 한다.

木豆謂之豆, 竹豆謂之籩, 瓦豆謂之登.

　나무와 대나무 그리고 질그릇으로 만들어진 두豆는 이미 세월의 흐름 속에서 부패하여 존재하지 않는다. 그러나 현재 은허殷墟에서 출토된 청동기 유물 중 '豆'는 예기禮器에 속한다. 그 주요한 용도는 제사祭祀와 순장殉葬, 그리고 일상생활 속에서 동물의 육肉 고기를 담는 용기로 쓰여 왔다. 그러므로 이를 유추해 보면 두豆 속에 음식물을 장만하여 신에게 제사를 지내는 '豊(예)'가 되었다. 이 '豊(예)'는 주로 신에게 제사를 지내는 용도로 쓰였기 때문에 신神을 의미하는 '示'자를 부가하여 예禮의 뜻을 갖추게 되었다.

　이상의 논지에 의하면, '禮'자는 당연히 '豆'와 '豊(예)'가 예禮를 행하는 기물器物의 문자에서 변화 발전하여 생성되었음을 우리는 알 수 있다. 그러므로 '禮'자는 부수 '示'자를 첨가하여 예禮의 뜻을 가지게 되었다. 그렇다면, '禮'자는 단지 문자 상의 제물祭物이나 제기祭器의 의미만을 포함하는가? 그렇지 않다. 예를 행하는 의절儀節과 예의禮義의 의미도 함께 포함하고 있다. 예禮의 최초 본의는 문자 결구結構의 변화 과정 속에서 전적으로 종교의절宗敎儀節의 행위를 포함하고 있음을 알 수가 있으며 또한 그 근원은 제사 행위에서 기원하였음을 알 수 있다.

2. 원시종교를 통해 본 예의 기원

문자결구의 변화발전 속에서 예禮와 원시종교 행위는 밀접한 관계가 있음을 앞장을 통해서 알 수 있었다. 그러므로 본 장에서는 원시종교와의 연관성을 자세히 알아보고자 한다.

예禮의 기원을 거슬러 올라가보면 인류 사회가 시작될 무렵부터라고 할 수가 있다. 『예기』, 「예운」편에서 다음과 같이 말하고 있다.

> 무릇 예禮의 기원은 음식에서 비롯되었으니, [이전에는 날로 먹었지만, 예禮를 만들면서]기장을 볶아 먹었고, 돼지고기를 익혀 먹었으며, 웅덩이를 파서 물을 고이게 만들어 손으로 떠서 마셨고 흙을 뭉쳐 북채를 만들어 흙으로 쌓아서 만든 북을 쳤으니, [이처럼 간소하고 보잘 것 없는 것들이지만]이것을 통해 귀신에게 공경함을 지극하게 표현할 수 있었다. 사람이 죽었을 때에는 지붕 위에 올라가서 그의 혼을 부르니, 부를 때는 "아! 아무개여! 돌아오라"라고 한다. [그렇게 했는데도 그가 다시 살아나지 않으면, 그런 뒤에 죽은 자를 전송하는 의식을 시행하니]생쌀을 시신의 입에 물리고, 익힌 고기를 포장하여 죽은 자를 전송하는 제물로 쓴다. 그러므로 하늘을 바라보며 초혼招魂을 하고 땅에 백魄이 머물도록 하니, 백魄은 하강하여 땅으로 꺼지고, 지기知氣는 상승하여 천상에 머물기 때문이다. 그래서 죽은 자의 머리는 북쪽으로 향하게 두고, 살아 있는 자들은 머리를 남쪽으로 둔다 하였으니, 이러한 모든 의식들은 예禮가 처음 생겨났을 때의 절차들을 그대로 따르는 것이다. 옛날의 선왕先王들도 아직 궁실이 제대로 갖춰지지 않아서, 겨울에는 동굴에서 살았고, 여름에는 나뭇가지들을 엮어 만든 움막에서 살았다. 아직 불로 음식을 익혀먹는 방법이 없어서, 초목의 과실을 먹고 짐승들의 고기를 날것으로 먹었

고, 그 피를 마시고 털이 붙어 있는 상태에서 그대로 먹었다. 견직물이 아직 없어서, 짐승들의 털이나 가죽을 옷 대신 걸쳤다. 후대에 성인聖人이 나타나 [천하를 다스린 이후에]불을 이용할 수 있었으니, 금속을 주조하여 철제도구를 만들고, 흙을 이겨서 도기 등을 만들어서, 이러한 것들로써 대사臺榭, 궁실宮室, 들창[牖], 문[戶] 등을 만들었다. 그리고 불을 이용하여 음식을 싸서 익히기 시작하였고, 불 위에서 굽기 시작했으며, 솥에서 삶기 시작했고, 꼬치구이를 하기 시작했으며, 술과 식초를 제조하였다. 그리고 천을 가공하여 옷감을 만들었다. [이렇게 만들어진 물건들로써]살아있는 자가 편안하게 생활할 수 있도록 보살피게 하였고, 죽은 자에 대해서는 장례葬禮를 잘 치르도록 하였으며, 귀신鬼神과 상제上帝를 잘 섬기게 하였으니, 이것들은 모두 성인聖人이 처음으로 만든 것을 그대로 본받아 따르는 것이다.

夫禮之初, 始諸飲食, 其燔黍捭豚, 汚尊而抔飲, 蕢桴而土鼓, 猶若可以致其敬於鬼神. 及其死也, 升屋而號, 告曰: "皋! 某復." 然後飯腥而苴孰. 故天望而地藏也, 體魄則降, 知氣在上, 故死者北首, 生者南鄉, 皆從其初. 昔者先王, 未有宮室, 冬則居營窟, 夏則居橧巢. 未有火化, 食草木之實·鳥獸之肉, 飲其血, 茹其毛. 未有麻絲, 衣其羽皮. 後聖有作, 然後修火之利, 范金合土, 以為臺榭·宮室·牖戶, 以炮以燔, 以亨以炙, 以為 醴酪, 治其麻絲, 以為布帛, 以養生送死, 以事鬼神上帝, 皆從其朔.

상문을 통해 우리는 최초의 예禮는 원시인류의 의식주 행위의 생활 풍속 습관에서 기원하였음을 알 수가 있다. 이러한 풍속 습관은 이따금 원시종교 형식과 서로 일치되기도 한다. 최초의 예禮가 음식 행위에서 비롯되었다는 것은, 예의 발생이 인류 정신문화의 요구를 만족하기 위함임을 설명하고 있다. 동시에 고대 인류는 빈약한 원시 생활풍

속으로도 귀신鬼神을 섬겼다. 이 역시 예의 발생은 인류 정신문화의 요구를 만족하기 위함임을 설명하고 있다. 이후 사회 생산력의 발전에 따라 인류의 물질 생활방식도 점진적으로 발전을 하게 되었으며 그 풍속 습관 역시 변화를 가져오게 되었고 귀신을 섬기는 방식에도 변화가 있게 되었다. 『예기』, 「표기」에서 다음과 같이 말하고 있다.

> 은나라 사람들은 신을 존엄하게 높여서, 백성들을 통솔하여 신을 섬겼으니, 귀신에 대한 것을 앞세우고 예를 뒤로 미루었다.
>
> 殷人尊神, 率民以事神, 先鬼而後禮.

귀신鬼神과 인류의 길흉화복吉凶禍福은 밀접한 관계가 있다. 그러므로 인류가 신분사회로 접어들면서 일종의 종교규범의 예禮는 강력한 사회통치력을 갖추게 되었다. 바꾸어 말하면, 예禮가 개인의 행위를 구속하고 강력한 통치력을 발휘 할 수 있었던 이유는 바로 고대인들이 신성시한 귀신을 숭배하면 화禍를 복福으로 만들 수 있다는데 있었다. 그리고 씨족사회가 그 종족 내의 통일과 질서를 유지할 수 있었던 주요 근거는 바로 원시종교 의례儀禮와 같은 사회 통치력에 의해 이루어진 것이다.

예禮의 초기 의미와 원시종교상의 제사祭祀는 밀접한 관계가 있으며 신권시대神權時代 예禮의 내용을 반영하고 있다. 주나라 초기에 이르러 귀신에 대한 관념은 큰 변화를 가져왔다. 신권시대의 원시 종교관이 자기 본신의 행위에 대한 근신謹愼과 노력의 관념으로 변화한 것이다. 이러한 변화는 주초周初의 '敬'·'敬德'·'明德' 등의 관념 속에 나타나고 있다. 따라서 주초周初의 예禮 관념은 은조殷朝와는 다른 관념을 갖추게 되었다.

주나라 사람들은 예를 존엄하게 높이고 베푸는 것을 숭상하여, 귀신
을 섬기고 공경하였으나 멀리 대하고, 사람을 가까이하여 진심을 다
하였다.

周人尊禮尙施, 事鬼敬神而遠之, 近人而忠焉.　　　『禮記』, 「表記」

은나라 사람들은 제사의 의절儀節은 있었으나, 그 중요성을 의절을
통한 '치복致福'에 목적을 두고 있다. 그러나 상문을 통해 알 수 있듯이
주초周初의 예禮는 이른바 '사람이 지켜야 할 도리義에 힘쓰고 귀신을
공경하되 멀리하는 것'3)의 경계境界에 이미 이르고 있다. 이러한 변화
의 중요한 관건은 주초周初의 봉건제도와 종법제도宗法制度의 시행에
있었다. 봉건제도封建制度는 정치 체계를 확립하였기 때문에 정치상의
상하 계층의 차이가 생겨나게 되었으며, 동시에 이러한 차등差等의 예
법은 신분의 상징이 되었다. 이로 인하여 예禮는 정치와 신분을 유지
하는 일종의 무형의 역량을 가지게 되었다. 그리고 종법제도는 종족체
계를 확립하였기 때문에 사회면에 있어서 종법상의 친족관계가 있게
되었고, 친족관계는 각종 사교활동의 의절儀節이 생겨나게 되었다. 따
라서 예禮의 함의含意는 종교제사에서 습속習俗과 장유長幼, 존비尊卑
의 인륜관계에 이르는 규범으로 확대되었고, 이러한 예의 변화는 사회
질서를 유지하는데 상당한 영향력을 가지게 되었다.
원시종교에서 출발한 예禮는, 주대周代 봉건과 종법의 예禮로 변화

---

3) 樊遲問知, 子曰 : '務民之義, 敬鬼神而遠之, 可謂知矣.' 『論語』, 「雍也」

하는 기나긴 과정 속에서 문헌의 부족으로 인해 하대夏代 예禮의 구체적인 내용은 쉽게 알 수가 없다. 은대殷代 예禮 또한 그 구체적인 내용을 알기에는 한계가 있다. 그러나 하상주夏商周 삼대의 계승된 역사를 소급하여 보면, 원시종교에서 기원한 예禮는 사회생활의 각종 관계 속에서 사회질서를 유지하고 사람을 규제할 수 있는 작용이 없었기 때문에 예禮는 변화를 거듭하며 주대周代에 이르러 길례吉禮·흉례凶禮·빈례賓禮·군례軍禮·가례嘉禮 등의 각종 예제禮制로 확장 발전하게 되었다. 이는 사회·정치제도와 개인의 윤리·도덕행위 등의 분야에 전면적인 규범으로 작용하여 사회 각 영역에까지 관여를 하게 되었다. 이것이 곧 종교예의가 점차 세속의 의절儀節로 확대 발전하게 된 것이다.

　이상 예禮의 문자결구와 원시종교, 하상주夏商周 삼대의 정황을 통해 예禮의 기원은 원시종교상의 제사 행위에서 비롯되었음을 알 수 있었다. 이러한 예禮는 주대周代의 종법제도와 결합하여 이른바 '주례周禮'를 만들게 되었고, 이러한 주례周禮는 왕실과 조정뿐만이 아니라 일반 백성들의 사회생활 속에 깊은 영향을 미치게 되었다.

제2절

禮의 의의

　전문을 통해 이미 예禮의 기원이 종교상의 제사 의식에서 비롯되었음을 알았다. 이 관점을 통해 보면 예의 의의도 당연히 종교의 발생과 밀접한 관련이 있다. 그러나 후대로 이어지면서 예의 의의는 시대를 따라 발전해갔다. 특히 주대周代를 거치면서 인문교화의 의의로 점차 발전하게 되었다. 주초周初의 천명관天命觀은 신에 대한 신앙과 의존에서 인간 본연의 덕성德性과, 행위의 반성과 수련으로 전환되었다.

　이러한 천명관天命觀의 변화는 상대商代에서 주대周代 문화로 이어지는 정신문화의 특징이라 할 수 있다. 예禮는 '신비하며 알 수 없었던 천天'에서 '도덕의의의 제사'로 전환되었고, 아울러 '조상의 공덕을 기리는 제사와 제사의식'은 '자손을 교화하는 인격교화의 예禮'로 융합되었다. 그 후 예禮와 봉건사회의 제도 및 종법제도宗法制度와 호응되어 예禮의 의의는 점차 새로운 의미를 갖추게 되었다. 이를테면 정치제도 면에서, 동일하지 않은 예禮는 사회신분 지위가 동일하지 않음을 의미

하게 되었다. 따라서 예禮는 정치계층을 유지하는 일종의 무형의 역량
이 되었다. 그리고 사회제도 면에서, 예禮는 점차 진화하여 혼상가취
婚喪嫁娶 및 사교 생활 각 방면의 예속禮俗과 윤리규범이 되어 사회질
서를 유지하는 막대한 기능을 갖추게 되었다. 이에 예는 더욱 발전하여
자연계 모든 질서의 소재所在와 상징, 사회생활의 제약 혹은 규범역량,
국가 법령 시행의 목표와 중요수단이 되었다. 그러므로 예禮는 자연
질서의 예禮, 도덕준칙의 예禮, 사회질서의 예禮로 나눌 질 수 있다.

1. 자연 질서의 예禮

예禮의 의의는 상당히 방대하다. 자연 질서를 포함해 모든 자연계의
일체 사물의 일관된 질서가 바로 예禮이다. 『서경』과 『예기』에서 다음
과 같이 논하고 있다.

> 하늘이 [사람의 常性을]차례로 펴서 법[分義]을 정해 두셨으니, 우리
> 五典을 바로 잡아 다섯 가지를 두텁게 하시고, 하늘이 차례로 펴서
> 예禮를 정해두셨으니, 우리 [公 · 侯 · 伯 · 子 · 男]5등의 예禮를 써서
> 상도常道가 있게 하소서.
>
> 天叙有典, 勅我五典, 五惇哉, 天秩有禮, 自我五禮, 有庸在.
>
> 『書經』, 「皋陶謨」

> 큰 예禮는 천지와 더불어 절제함을 함께 한다.
>
> 大禮, 與天地同節.
>
> 『禮記』, 「樂記」

예禮는 천지의 법칙에 따른 구별이다.

禮者, 天地之別也.

『禮記』,「樂記」

인용문에 의하면, 천지의 질서와 절도, 및 구별을 모두 예禮라 하였다. 그리고 또, 『예기』에서 다음과 같이 말하고 있다.

무릇 예禮라는 것은 반드시 태일太一에 근본을 두고 있어서, 태일이 분화되어 천지가 되고, 움직여 음양이 되고, 변하여 사계절이 되고, 나열되어 귀신이 되니, [성인이 이에 근본 하여 禮를 제정하여]내리는 것을 명命이라 부르고, 하늘을 본받는 일을 위주로 한다.

夫禮必本於大一, 分而爲天地, 轉而爲陰陽, 變而爲四時, 列而爲鬼神. 其降曰命, 其官於天也.

『禮記』,「禮運」

예禮는 태일太一에 근본 한다. 태일太一이란 천지가 나누어지기 이전의 원기元氣를 말하며 이른바 우주의 본체이다. 이 본체는 분화·전이·변화·배열 등 각각의 활동을 거쳐 천지·음양·사시·귀신 등 각종의 구체적인 형상이 된다. 이와 같은 네 가지 변화는 모두 '명命'에 귀결 되며 모두 천天을 본받는 것이다.

무릇 예의 큰 본체는 천지를 본체로 삼고 사시를 본받으며 음양을 본뜨고 인정을 따르는 것이다. 그렇기 때문에 그것을 예禮라고 부른다.

凡禮之大體, 體天地, 法四時, 則陰陽, 順人情, 故謂之禮.

『禮記』,「喪服四制」

예禮의 용用[體用 관계에 있어서의 用]은 천지에 근본하고, 사시를 본받고 음양을 본뜨고 인정에 순응하는 것에 있다. 이것이 바로 예禮이다. 또 『좌전』에서도 예는 천지간의 조화로운 질서임을 명확하게 드러내고 있다.

예로써 천리를 따르는 것이 하늘의 도를 행하는 것이다. 예로써 시의時宜에 순응하고, …… 시의時宜에 순응하면 만물이 이루어진다.

禮以順天, 天之道也. 禮以順時, …… 時順而物成.

『左傳』, 「成公十六年」

천天은 영원불멸의 규칙이 있다. 예禮는 바로 이러한 규칙을 따라 만들어 진 것이다. 그러므로 영구히 변하지 않는 특성은 곧 예의 불변성의 기초가 되었다. 따라서 『좌전』에서 다음과 같이 말하고 있다.

무릇 예는 하늘의 법칙[經]이고 땅의 도리[義]이며 사람이 본받아 이행하는 것이다.

夫禮, 天之經也, 地之義也, 民之行也.   『左傳』, 「昭公二十五年」

예禮는 천지의 법칙과 질서를 대표한다. 그러므로 인간은 예에 의거하여 행동하는 것이 바로 천지의 도道를 행하는 것이다. 예禮는 인간과 천天의 관계를 더욱 가깝게 할 뿐만 아니라 사람이 천도天道를 행하는 구체적인 경로와 절차도 제시하고 있다. 이것은 인도人道의 예를 설명한 것인데 바로 천도天道의 질서에서 취한 것이다. 그러므로 『예기』, 「악기」편에서 '예禮는 천지天地의 질서이다'라고 말 한 것이다.

2. 도덕준칙의 예禮

처음 주공周公이 예禮를 제정한 것은 본래 윤리관계를 통해 정치제
도의 안정을 유지하고자 한 것에 목적이 있었다. 그리고 이후 『좌전』
에서 예禮를 도덕규범으로 여기는 것 역시 주공의 예禮 사상을 계승한
것이다. 『좌전』에서 다음과 같이 말하고 있다.

> 선군 주공께서 '주례'를 지어 말하기를, "예칙으로써 그 사람의 덕을
> 관찰하고, 덕으로써 일을 처리하고 일로써 공적을 헤아리고 공적으
> 로써 백성을 먹인다."고 하였다.
>
> 先君周公制周禮曰 : "則以觀德, 德以處事, 事以度功, 功以食民."
>
> 『左傳』, 「文公十八年」

인간이 도덕규범을 준수 할 수 있는 것은 바로 예禮가 있기 때문이
다. 『좌전』에서는 또 다음과 같이 기록하고 있다.

> 군주는 명하고 신하는 공경하며 아비는 자애慈愛롭고 자식은 효도하며
> 형은 사랑하고 아우는 공경하며 남편은 화목하고 아내는 유순하며 시
> 어머니는 자애慈愛롭고 며느리는 순종하는 것이 예禮이다.
>
> 君令臣共, 父慈子孝, 兄愛弟敬, 夫和妻柔, 姑慈婦聽, 禮也.
>
> 『左傳』, 「昭公二十六年」

상문은 예禮를 도덕준칙의 의미로 해석한 실례實例이며, 또 '예악은
도덕의 준칙이다.[4]'라는 것은 예악禮樂 활동은 인품과 덕성을 고찰하
는 기준이 된다는 것이다. 이 역시 도덕준칙으로써 예禮를 해석한 것

이다. 춘추시대 덕德의 윤리는 매우 발달하여 구덕설九德說·칠덕설七德說·육덕설六德說·사덕설四德說·삼덕설三德說 등이 있었다. 이러한 덕德은 예禮와 병존並存 병론並論되어 대등한 위치를 가지게 되었다. 『좌전』에 다음과 같이 기재하고 있다.

예는 몸의 근간이다.

禮, 身之幹也.　　　　　　　　　　　　　　　『左傳』, 「成公十三年」

예는 사람이 되는 근본이니 예가 없으면 입신立身(처세)할 수가 없다.

禮, 人之幹也, 無禮無以立.　　　　　　　　　『左傳』, 「昭公二十七年」

신으로서 예를 지키고 예로써 몸을 보호하는 것이다.

信以守禮, 禮以庇身.　　　　　　　　　　　　『左傳』, 「成公十五年」

충과 신은 예의 그릇(도구)이고 비양卑讓(자신을 낮추고 겸양함)은 예의 종주宗主이다.

忠信, 禮之器也. 卑讓, 禮之宗也.　　　　　　『左傳』, 「昭公二年」

이상의 기재된 내용을 살펴보면, 忠·信·卑·讓은 모두 예禮의 도구이며 근본이다. 이러한 덕목은 예禮를 지키는 수단이 될 뿐 아니라 나아가 자신을 보호하는 방법으로까지 이어진다. 그러므로 '예는 몸의 근간이다.'라고 한 것이다. 이러한 것들은 모두 사람이 갖추어야 될

---

4) '禮樂, 德之則也.'『左傳』, 「僖公二十七年」.

인격으로 논점을 삼고 있다. 예禮는 비단 기타의 덕德과 함께 거론될 뿐만 아니라, 건전한 인격의 대명사이기도 하다. 그리고 예禮의 의의는 개인 도덕수양을 중시하는 '사덕私德'이 되었다. 이것이 바로 예禮를 중심으로 한 인문시대와 예禮는 모든 도덕의 근거가 되는 이유이다.

3. 사회질서의 예禮

인간의 삶속에는 반드시 조리條理와 질서가 존재한다. 예를 들면 일상생활 속의 보고, 듣고, 말하고, 행동하는 것과, 사람과 사람간의 왕래와 교제, 혼상婚喪 등 경조사의 의식절차, 사시절기四時節氣의 민속활동 및 조상과 귀신에 대한 추모와 제사 등은 모두 조리條理와 질서에 포함 되어야 한다. 그래야만 생활실천 속에서 삶의 의미와 행동의 가치를 표출 해 낼 수 있다. 그리고 이러한 생활 속의 조리條理와 질서는 바로 예禮가 제공하는 것이다.

주周나라 초기 사회는 봉건제도와 종법제도의 영향을 많이 받았다. 따라서 예禮는 왕王·후侯·경卿·대부大夫·사士로 부터 일반서민에 이르기까지 신분 지위를 나타내는 상징이 되었고, 아울러 점진적인 진화과정을 통해 예禮는 점차 정치질서와 사회질서 형성의 준거準據가 되었다.

예禮는 서주西周사회 속에서 정치, 혹은 사회질서를 유지하는 역할을 하였다. 그러므로 주나라의 통치는 예禮를 국가의 근간으로 삼았다. 『좌전』의 기록을 통해 우리는 그 예禮의 의의를 알 수가 있다.

[禮는]선왕이 천지에서 받아 백성을 다스린 것이다. 그러므로 선왕은
예를 숭상하였다.

先王所稟於天地, 以爲其民也. 是以先王上之.

『左傳』,「昭公二十六年」

예는 상하의 기강이고 천지의 경위이며 백성들이 살아가는 원리이므
로 선왕이 제일 중요하게 여긴 것이다.

禮, 上下之紀, 天地之經緯也, 民之所以生也, 是以先王尙之.

『左傳』,「昭公二十五年」

예禮는 선왕先王이 천지의 도道를 부여받아 백성을 우선으로 한다는
말이다. 그 뜻은 주周 천자가 덕德으로써 천명을 받아 자손을 보호하
고, 백성을 종주宗主로 여기며 서로 해害함이 없는 친친親親의 의미와
동일하다.

또『좌전』상의 예禮 관련 기록을 통해 우리는 예禮가 국가통치 질
서의 성격을 가지고 있음을 알 수 있다.

소공昭公이 진晉나라에 가서 교노郊勞[외국의 제후나 사신의 행차가
근교에 이르면 主國의 제후가 卿을 보내어 위로하는 것]에서 증회
[贈賄, 외국 사절이 돌아갈때 예물을 주는 것] 때까지 예를 잃음이
없으니, 진후晉侯가 여숙제女叔齊에게 "노후魯侯가 예禮에 뛰어나지
않은가?"라고 하자, 여숙제女叔齊가 "노후魯侯가 어찌 예禮를 알겠습
니까?"라고 대답하였다. 진평공晉平公이 "어째서 그리 말하는가? 교
노郊勞에서 증회贈賄 때까지 예에 어긋난 것이 없는데, 어째서 예를
모른다고 하는가?"라고 하니, 여숙제女叔齊는 다음과 같이 대답하였
다. "이는 의식儀式이니 예라고 할 수 없습니다. 예는 나라를 지키고

정령政令을 행하여 백성을 잃지 않는 것입니다. ……, 나라의 군주가 되어 화난禍難이 몸에 미치려 하는데도 자기의 지위를 걱정하지 않습니다. 예의 본말이 여기[守國·行政·無失民]에 있는 것인데도, 부지런히 의식儀式만을 익히기에 급급하니 예에 뛰어나다는 말이 (실제와)거리가 멀지 않습니까?" 군자君子는 [이 일을 두고]"여숙제女叔齊야 말로 이처럼 예를 잘 알았다."고 논평하였다.

公如晉, 自郊勞至于贈賄, 無失禮. 晉侯謂女叔齊曰 : "魯侯不亦善
於禮乎?" 對曰 : "魯侯焉知禮." 公曰 : "何爲? 自郊勞至于贈賄, 禮
無違者, 何故不知?" 對曰 : "是儀也, 不可謂禮. 禮者所以守其國,
行其政令, 無失其民者也 ……, 爲國君, 難將及身, 不恤其所, 禮之
本末, 將於此乎在, 而屑屑焉習儀以極, 言善於禮, 不亦遠乎?" 君子
謂叔侯於是乎知禮.

『左傳』, 「昭公五年」

여숙제女叔齊에 의하면 예禮의 본의는 안정된 통치 질서를 건립하는데 있다. 그래서 그는 '守其國, 行其政令, 無失其民' 등의 말로 기술한 것이다.

『좌전』과 『국어』의 기록에 의하면, 예禮는 서주西周 시대 신분사회에서 통치 또는 대중 질서의 정치적 기능을 이행한다는 것을 알 수 있다.

예는 나라의 근간이다.

禮, 國之幹也.

『左傳』, 「襄公三十六年」

예는 천자가 천하를 다스리는 대경[중대한 법칙]이다.

禮, 王之大經也.

『左傳』, 「昭公十五年」

무릇 예는 백성들을 바르게 다스리는 것이다.

夫禮, 所以整民也.　　　　　　　　　　　　　『左傳』, 「莊公二十三年」

예는 정치를 이끌고 가는 도구이다.

禮, 政之輿也.　　　　　　　　　　　　　　『左傳』, 「襄公二十一年」

예는 국가를 경영하고, 사직을 안정시키고, 백성을 질서 있게 하고,
후사를 이롭게 하는 것이다.

禮, 經國家, 定社稷, 序民人, 利後嗣者也.　　　『左傳』, 「隱公十一年」

예는 나라의 시작이다.

禮, 國之起也.　　　　　　　　　　　　　　　『國語』, 「晉語」

　이상의 인용문에서 알 수 있듯이 서주西周의 예禮는 국가의 통치와
대중 질서를 유지하는 기능으로까지 이어지고 있다. 또 더 나아가 예
禮는 서주 신분사회를 유지하는 도구로까지 그 범위는 확대되고 있다.

　예를 행하면, …… 백성과 농부들이 고장을 떠나지 않고 공인과 상인
　이 직업을 바꾸지 않을 것이다.

　在禮, ……民不遷, 農不移, 工賈不變.　　　『左傳』, 「昭公二十六年」

　예는 서인에게까지 내려가지 않고[요구하지 않고], 형벌은 대부에게
　미치지 않는다.

禮不下庶人, 刑不上大夫.   『禮記』,「曲禮」

　상기 인용문은 서주西周 사회에 있어서 주례周禮의 정치적 기능을
명확하게 보여주고 있다. 즉 예禮는 국가와 사회의 안정과 정령政令의
이행 및 민생의 양육을 촉진하기 때문에 예禮의 기능과 그 의의는 사
실 대중 질서의 통치체제를 보존하고 강화하는 것이다.

제
3
장

공자 예학禮學의 본질

공자는 예禮를 언급하면서 질質과 문文을 겸비할 것을 강조하였다.

공자께서 말하였다. "질質[본바탕]이 문文[꾸민 외관]보다 나으면 촌
스럽고, 문文이 질質 보다 나으면 사史[겉치레만 잘함]하니 문과 질이
적당히 균형을 이룬 뒤에야 군자인 것이다."

子曰 : "質勝文則野, 文勝質則史, 文質彬彬, 然後君子."

『論語』, 「雍也」

『논어집해論語集解』에서는 포함包咸의 말을 인용하여 설명하기를,
빈빈彬彬은 문질文質이 상반相半된 것이라 하였다. 이것은 공자가 주
장한 문질겸비文質兼備의 명증이며, 부득이한 경우라도 반드시 본질이
우선이 되고 의문儀文은 그다음이라는 뜻이다. 즉 예禮의 실질實質을
근본으로 삼고 의문儀文은 말단이 되어야 한다는 것이다. 그리고 본질

이 선先이며, 의문儀文은 말末이 되어야 한다는 공자의 주장이 아래의
문장에서도 잘 나타나고 있다.

공자가 말하였다. "예이다! 예이다! 하지만, 옥과 비단 만을 두고 한
말이겠느냐?"

子曰 : "禮云禮云, 玉帛云乎哉?"   『論語』, 「陽貨」

'옥백玉帛'은 예의 의문儀文에 속한다. 그러나 단지 의문만 갖추었다
하여 예라 할 수는 없는 것이다. 그러므로 『예기』, 「악기」에서 말하기
를, "자리를 깔고, 술동이나 도마를 진설하고, 변籩이나 두豆를 진열하
며, 오르고 내리는 것을 예로 삼는 것들은 예 중에서도 말단에 해당
된다. 그렇기 때문에 유사가 그 일을 담당하는 것이다.[鋪筵席, 陳尊
俎, 列籩豆, 以升降爲禮者, 禮之末節也, 故有司掌之.]"라 하였다. 다시
말해 예의 귀중함은 본질에 있는 것이지 의문儀文에 있는 것이 아니
다. 『논어』, 「팔일」편에서도 다음과 같이 말하고 있다.

공자가 말하였다. "사람이 어질지 못하면 예禮가 그에게 무슨 소용이
있겠느냐?"

子曰 : "人而不仁, 如禮何?"

상문은 인仁이 예의 본질이 된다는 것을 명시한 것이다. 즉 예는
인으로 말미암아 생겨난다는 것이며 인을 근본으로 하는 것이다. 인은
의리義理의 정情에 부합되는 것이다. 의문儀文과 절목節目은 당연히
말단이 되며 정감情感을 표현하는 외재적 형식일 뿐이므로 근본은 중

重하고 말단은 경輕한 것이다. 만약 근본이 결핍된다면 예는 이루어질 수 없는 것이다. 이 때문에 공자는 위와 같이 말 한 것이다.

또 『논어』, 「팔일」편에서는 다음과 같이 말하고 있다.

임방이 예禮의 근본을 묻자, 공자가 말하였다. "훌륭하도다. 질문이여! 예禮란 사치스럽게 하기보다는 차라리 검소해야 할 것이며, 상喪은 형식적으로 잘 치르기보다는 차라리 슬퍼함이 나을 것이다."

林放問禮之本. 子曰 : "大哉問! 禮, 與其奢也, 寧儉 ; 喪, 與其易也, 寧戚."

상문은 공자가 임방의 질문을 훌륭하게는 여겼으나, 예의 근본에 대한 구체적인 언급은 없고 단지 예를 실천하는데 간접적인 설명과 비유만을 들었다. 상관 문헌을 통하여 상문을 분석 하여보자.

이易는 화이和易이다. 예의 본의는, 사치에 빠져 잘못되는 것은 검소함만 못하고, 상사는, 화이에 빠져 잘못되는 것은 슬퍼하는 것 만 못하다는 말이다.

易, 和易也. 言禮之本意, 失於奢, 不如儉. 喪失於和易, 不如哀戚.

『論語集解』, 卷三

내(子路)가 선생님께 들었으니 상례에 있어서는 슬퍼하는 마음이 부족하면서 예에 대해서는 풍족하게 치르는 것보다는 차라리 예에 대해서 부족한 면이 있더라도 슬퍼하는 마음을 지극히 하는 것이 더 낫고, 제례에 있어서도 공경하는 마음이 부족하면서 예에 대해서는 풍족하게 치르는 것 보다는 차라리 예에 대해서 부족한 면이 있더라도 공경하는 마음을 지극히 하는 것이 더 낫다고 하셨다.

吾聞諸夫子, 喪禮, 與其哀不足, 而禮有餘也, 不若禮不足, 而哀有
餘也. 祭禮, 與其敬不足, 而禮有餘也, 不若禮不足, 而敬有餘也.
『禮記』, 「檀弓上」

상문에서 보는 바와 같이 대체로 '검儉'과 '척戚'은 비록 예의 본질은
아니지만, 그러나 인심人心의 질박質樸과 성誠과 경敬의 표현이다. 그
러므로 예의禮儀는 완비 되었으나 마음에 성의誠意가 없는 것 보다는
차라리 예의는 간소하나 내심 성경誠敬이 있는 것 만 못한 것이다.
다시 말해 공자는 예의 근본을 내재적인 성정性情에 두고 있으며 외재
적인 형식에 두고 있는 것이 아님을 우리는 알 수 있다.

예에 중시되는 바는 내면의 본질에 있는 것이지, 외재적인 절문節文
에 있는 것이 아니다. 그러므로 논어에서 말하기를,

공자가 말하였다. "군자는 의義로써 바탕을 삼고, 예禮로써 그것을
행한다."

子曰 : "君子, 義以爲質, 禮以行之." 『論語』, 「衛靈公」

라고 하였다. 주자朱子는 상문의 주註에서 '의義라는 것은 일을 제재하
는 근본이다. 그러므로 (의를)근간으로 삼고, 행동에는 반드시 절문節
文으로 해야 한다5).'라고 하였다. 『예기』, 「예운」 편을 살펴보면 그
말은 더욱 구체적이다.

---

5) '義者, 制事之本, 故以爲質幹, 而行之必有節文.'

사람의 정情이란 것은 성왕聖王이 경작하는 농경지와 같은 것이니, 예禮를 정비하여서 (사람의 정을)경작하는 것이며 의義를 펼쳐서 씨 앗을 파종한 것이며 학문을 강론하여 싹을 북돋워주는 것이며 인仁 에 근본을 두고서 수확하며 음악을 퍼트려 백성을 편안하게 해주는 것이다. 그러므로 예禮라는 것은 의義의 실체이며 의義에 화합하도록 하여 합당하게 한다면 예禮를 비록 선왕이 갖추지 않았다. 하더라도 의義를 통해 예禮를 일으킬 수 있다.

人情者, 聖王之田也, 脩禮以耕之, 陳義以種之, 講學以耨之, 本仁 以聚之, 播樂以安之. 故禮也者, 義之實也, 協諸義而協, 則禮雖先 王未之有, 可以義起也.

의義를 가지고 일으킬 수가 있다는 것은, 곧 의義로써 결단한다는 것이다. 예禮는 의義를 바탕으로 한다. 만약 예를 마땅히 행해야 하는 데 선왕先王이 그 제도를 갖추지 못하였다면 의義로써 결단 할 수 있으 니 의에 부합된 이후에 예를 행할 수 있는 것이다. 그러나 예를 행하는 데 의에 근본하지 않는다면 그것은 '경이부종耕以弗種'이 되는 것이니 예의 의의意義를 잃게 되는 것이다.

이상에서 논한 바를 미루어 보면 '인仁·의義'는 예의 본질이 되며 예를 행하는 전제前提가 된다. 따라서 인의仁義에 부합되지 않는 의절 儀節은 예禮가 아님을 알 수 있다. 그러므로 본장에서는 '예禮'와 '인 仁·의義'의 상관관계를 살펴보기로 한다.

제1절

예禮와 인仁의 관계

　주대周代 전장제도典章制度 중의 예는 단지 당시의 귀족 계층에만 통행되었고, 민간에는 보급되지 않았었다. 그러나 공자는 전통을 계승하면서 한편으론 새로운 설을 창출하였다. 그 새로운 창출이란, 고대 사공事功에만 쓰이던 예를 개인의 덕성 수양으로 발전시켜 나간 것이다. 이것은 바로 고유의 예제禮制와 귀족과 평민의 구별을 허물고 도덕의 의의 예로 보편화시킨 것이다.

　공자의 논리 중, '예禮'는 도덕의 준승이며, '인仁'은 도덕의 본원이 된다. 그러므로 예는 인의 '용用'이 되며, 인은 예의 '체體'가 된다고 할 수 있다.

　'인仁'은 공자의 중심 사상이자 도덕의 최고 지표이다. 『논어』 중의 '인仁'을 살펴보면 인간의 각종 덕성을 의미하는 것이 대다수이다. 진대제陳大齊 선생은 『논어』 중의 '인仁'자를 다음과 같이 귀납 분석 하였다.

'仁'은 모든 德이 한데 어우러져 이루어 진 것이며, 모든 덕의 총칭이
다.[6]

그리고, 굴만리屈萬里 선생의 '인仁' 해석을 살펴보면 더욱 구체적이다.

'仁'은 공자의 이상理想상 처세의 최고 준칙이다. 자신에게 있어서는
근후하고 성실 순박하며, 강직하고 굴하지 아니하며, 가족에 있어서
는 효제孝悌와 자애로써 대하며, 타인에게 있어서는 공경과 예양禮
讓, 관서寬恕와 신실信實로써 대하며, 국가에 있어서는 충성과 책임으
로 대하며, 인류에게는 자신이 서고자 함에 남도 서게 하며, 자신이
통달하고자 함에 남도 통달하게 하여야 한다.[7]

'인仁'은 일종의 보편적인 원칙이기 때문에 '인仁'을 어떻게 실천해야
하는가가 몹시 중요하다. 따라서 '인仁'의 정의를 먼저 파악하여야 하
는데,『논어』 중 '인仁'의 정의는 자의字義상의 훈고訓詁가 어렵다.[8]
덕성德性의 구체적 표현은 모두 인仁의 부분적인 실현이기 때문에 인
仁의 전체적인 관념에 입각해 보면 일종의 숙련과 노력이 요구되는데,
이것이 바로 인仁하는 방법 즉, '仁之方'[『논어』,「옹야」]이다. 그러면
인仁하는 방법은 어떠한가? 공자와 제자간의 문답을 통해 우리는 '仁
之方'을 추측해 볼 수가 있다.[9]

---

6) 陳大齊,『孔子學說』, 臺灣 正中書局, 1987, p.117.
7) 屈萬里,「仁字涵義之史的觀察」,『書傭論學集』에 收錄, 臺灣, 聯經出版事業公
司, 1984, p.265.
8) 공자는 '仁'을 말하면서 자의字義와 훈고訓詁로써 '仁'을 해석하지는 않았다.
따라서 공자 '仁'의 함의는 자의와 훈고로써 결정 할 수는 없다. (蔡仁厚,
『孔孟荀哲學』, 臺灣, 學生書局, 1988, p.65~p.68.)

중궁이 인에 대해 묻자, 공자께서 말씀하셨다. "문을 나서면 마치 큰 손님을 대하듯하며, 백성을 부릴 때는 마치 큰 제사를 받들 듯이 하라. 자신이 하고자 하지 않는 바를 남에게 베풀지 말 것이니라. [이렇게 하면]나랏일에 있어서는 원망을 살 일이 없으며, 집안에 있어서도 원망 살 일이 없을 것이다."

仲弓問仁. 子曰 : "出門如見大賓, 使民如承大祭. 己所不欲, 勿施於人. 在邦無怨, 在家無怨."　　　　　　　　　　『論語』,「顏淵篇」

자공이 말하였다. "만약 어떤 이가 백성에게 널리 베풀고 능히 백성을 구제한다면 어떻습니까? 인仁하다 말할 수 있습니까?" 공자께서 말씀하셨다. "어찌 인仁에 일을 둔다 하리오! 반드시 성인일 것이다. 요순도 오히려 어렵게 여겼던 일이다. 무릇 인仁이라는 것은 자기가 서고자 하면 남도 서게 하고 자신이 통달하고자 하면 남도 통달하게 하는 것이다. 가까운 것에서 비유를 취하나니 이것이 인仁을 하는 방법이라고 말할 수 있느니라."

子貢曰 : "如有博施於民, 而能濟衆, 何如? 可謂仁乎?" 子曰 : "何事於仁, 必也聖乎! 堯舜其猶病諸. 夫仁者, 己欲立而立人, 己欲達而達人. 能近取譬, 可謂仁之方也已."　　　　　　　　『論語』,「雍也篇」

---

9) 상문은 徐復觀선생이 공자의 仁 설명을 근거로 한 것인데, 공자 교육의 핵심을 잘 들어내고 있을 뿐만 아니라, 『논어』상의 仁을 이해하는데 상당히 중요한 부분이다. 만약 공자가 제자의 재능과 정도에 따라 논한 '仁之方'의 교육 방식을 잘 이해한다면 '仁'의 함의를 이해하는데 용이할 것이다. (徐復觀,『中國人性論 - 先秦篇』, 臺商務印書館, 1988, p.91.)

번지가 인仁에 대해서 묻자, 공자께서 말씀하셨다. "사람을 사랑하는 것이다."

樊遲問仁, 子曰 : "愛人." 『論語』, 「顔淵」

인仁의 실천은 자기로부터 남에게 미루어 나가는 것이다. 그러므로 인仁은 도덕의 내재적 원동력이자 개인의 심중에 보편적으로 존재하는 것이다. 그러므로 자신이 자각 할 수가 있다면 인심仁心은 자연히 발현되는 것이다. 공자는 또 「술이」편에서 말하기를,

공자가 말하였다. 인仁이 멀리 있는가? 내가 인仁을 하고자 하면 인仁이 이르는 것이다."

子曰 : "仁遠乎哉! 我欲仁斯仁至矣."

상문의 '欲仁, 仁至'에서 인간은 자각과 주재성主宰性의 능력을 갖추고 있음을 알 수가 있다.

인간은 누구나 자각 능력이 있기 때문에 인덕仁德의 배양은 자아 노력에 달려있는 것이지 남으로부터 구해지는 것이 아니다. 이러한 인덕의 배양은 각종 경로를 통하여 인간의 실제 도덕행위 속에서 실현되는 것인데, 가장 요긴한 방법은 '극기복례克己復禮'10)라 할 수가 있다.

---

10) 『左傳』, 「昭公十二年」에 기재된「仲尼曰 : 古也有志, 克己復禮, 仁也."」부분을 살펴보면, '克己復禮'는 古語인데 공자 때에 이르러 새로운 함의를 갖게 되었다. (『左傳』, 十三經注疏本, 卷45, 臺灣藝文印書館.)

안연이 인仁을 여쭙자 공자께서 말씀하셨다. "자신의 사욕을 극복하고 예禮로 돌아가는 것이 인이다. 하루 동안이라도 사욕을 극복하여 예로 돌아간다면 천하가 인으로 돌아 갈 것이다. 인을 실천하는 것은 자신으로부터 말미암는 것이지 남으로 말미암는 것이겠는가?" 안연이 다시 여쭈었다. "그 조목을 말씀해 주십시오." 공자께서 말씀하셨다. "예가 아니면 보지 말며, 예가 아니면 듣지 말며, 예가 아니면 말하지 말며, 예가 아니면 움직이지 말라."

顔淵問仁. 子曰 : "克己復禮爲仁. 一日克己復禮, 天下歸仁焉. 爲仁由己, 而由人乎哉?" 顔淵曰 : "請問其目. 子曰 : 非禮勿視, 非禮勿聽, 非禮勿言, 非禮勿動."

『論語』, 「顔淵篇」

'극기克己'는 사욕을 제거하는 것이다. 주자朱子 주註에 의하면 극克은 이김이요, 기己는 자신의 사욕을 말한다.[11] 사욕은 본연의 혈기血氣에서 생겨나는 것이고, 극기는 자성과 자각을 통하여 이루어지는 것이다. 인간의 생리적 본능은 이기적인 사욕으로 인해 남을 해하기 때문에 인덕을 발현하는 장애를 제거해야 하는데, 이것이 바로 '己所不欲, 勿施於仁'하는 것이다.[12] '복례復禮'는 인간 고유의 덕행을 회복하고 합리적 생활 방식으로 돌아가 안둔安屯을 얻는 것이다. 그리고 인덕이 널리 미치면 천하가 인仁을 허여하는 것이다.[13]

---

11) "克, 勝也. 己, 謂身之私慾也.", 『論語』, 「顔淵」, 朱子註.

12) 陳大齊, 「孔子學說中的義」, 『孔子學說論集』, 臺灣 正中書局, 1992, p.51.

13) 朱子의 『論語集註』에서 '克己復禮'의 '復'을 '反'으로 해석 하였으며, 「學而」 '信近於義, 言可復也'의 註에서는 '復'을 '踐'으로 풀이하였다. 吳森선생의 「克己復禮辨」 一文은 許愼의 『說文解字』 "禮, 履也", "復, 往來也"와 淸代 段玉裁, 王筠, 朱駿聲등 학자들의 '復'자 本義의 해석을 근거로 하였는데, 그 속에는 '返'의 해석은 없다. 그는 '復'을 '反'로 해석한 것은 후대 語意변화의 결과로

공자는 인의 덕목을 묻는 안연의 질문에 시視 · 청聽 · 언言 · 동動을 들어 답하였는데, 이 네 개의 조목은 예禮의 범위에서 벗어나서는 안 된다는 것이다. 이는 일상생활 상의 수신제가의 대단大端으로 삼은 것이다.[14] 인仁을 하는 것은 '극기克己'로부터 시작되어 시視 · 청聽 · 언言 · 동動의 일상생활 속에서 표현된다. 공자는 '예禮'와 '행行'은 개인이 반듯이 고수하여야 하는 구체적인 행위이자 절실한 부분이라고 하였다. 공자의 학설에 의하면 인仁을 하는 것은 어떠한 외재적인 조건과 호응하는 것이 아니다. 그러므로 '위인유기爲仁由己'라 한 것이다. 『예기』를 살펴보면 '위인爲仁'에 대한 네 가지 조목이 비교적 상세하게 나타난다.

이러한 까닭으로 군자는 정감에 반추하여 뜻을 조화롭게 하고, 그 부류를 비교하여 행실을 이루니, 간사한 소리와 문란한 색깔은 총명함을 억류하지 않고, 음란한 악樂과 사특한 예禮가 심술心術에 접하지 않으며, 태만하고 사벽한 기운이 몸에 베풀어지지 않아서, 귀 · 눈 · 코 · 입 · 마음과 지각 · 온몸으로 하여금 모두 순종하고 바른 것에 연유하여, 그 도의를 시행하도록 만든다.

是故, 君子反情以和其志, 比類以成其行. 姦聲亂色, 不留聰明 ; 淫樂慝禮, 不接心術. 惰慢邪辟之氣, 不施於身體. 使耳目鼻口心知百體, 皆由順正以行其義. 　　　　　　　　　　　　　　『禮記』, 「樂記」

여겼으며, '復禮'는 '習禮'의 뜻으로 보아야 한다고 주장하였다. (『比較哲學與文化』, p.232~p.233.)

14) 唐君毅선생은 顔淵이 물은 '目'은 결코 節文條目의 說이 아니라고 하였다. 그는 "博我以文, 約我以禮"의 '約'字에 근거하여 '非禮勿言'의 四句를 疏解 하였는데 그는 다음과 같이 말하고 있다. "言人之禮敬當運於視聽言動之中, 而無所不極, 或人之視聽言動, 皆當爲一禮敬之意之所貫之意. 則視聽言動之事雖博, 而貫乎其中之禮敬則至約, 方可言約我以禮." (『中國哲學原論』 「原道篇」)

상문은 공자가 제의한 인仁을 하는 방법이다. '극기복례克己復禮'로부터 시작하고 예禮를 굳건히 지켜 인仁으로 돌아가[攝禮歸仁] 내재적 덕성을 발현하는 것이다. 이것이 바로 인仁의 실현이며 예禮의 실현이다. 인仁은 인간의 생명 중 도덕의 자주능력이자, 예禮의 가치 근원이 된다. 그러나 인仁의 경지에 도달하기 위해서는 반듯이 예禮로 말미암아 이루어지는 것이다. 그러므로 인덕仁德의 발현은 예禮를 그 범주로 한다.

이상을 통해 예禮와 인仁의 관계를 종합해 보면, 인仁은 예禮의 내재적 정신이자 본질이며, 예禮는 인仁이 외계로 통하는 기점이 된다. 그러므로 예禮와 인仁은 불가분의 관계이자 표리상응表裏相應의 관계가 된다고 할 수 있다.

제2절

예禮와 의義의 관계

'의義'는 『논어』 일서 중 출현하는 횟수가 '인仁'에는 미치지 못하나 공자 사상 중 중요한 지위를 점유하고 있다. 그러나 예禮와의 관계에 있어서는 그 기재 부분이 다소 적은 편이지만 『논어』 일서를 통해 그 연관관계를 우리는 추론해 볼 수가 있다. 『논어』, 「태백」편에 말하기를,

공자가 말하였다. "공손하기만 하고 예禮가 없으면 수고롭고, 삼가기만 하면서 예가 없으면 두렵고, 용맹하기만 하고 예가 없으면 혼란스럽고, 곧기만 하고 예가 없으면 급하여 진다."

子曰 : "恭而無禮則勞, 愼而無禮則葸. 勇而無禮則亂, 直而無禮則絞."

또 「양화」편을 살펴보면,

자로가 말하였다. "군자는 용맹을 숭상합니까?" 공자께서 말씀하셨다. "군자는 의義를 으뜸으로 여긴다. 군자로서 용맹만 있고 의義가 없으면 난을 일으키게 되고, 소인으로서 용맹만 있고 의義가 없으면 도둑질이나 하게 될 것이다."

子路曰 : "君子尚勇乎?" 子曰 : "君子義以爲上. 君子有勇而無義爲亂, 小人有勇而無義爲盜."

상문에 의하면 '勇而無禮'와 '勇而無義'의 결과가 서로 같음을 알 수가 있다. 의義와 예禮는 사실상 서로 상통하는 점이 있으며 양자의 관계에 대해서 공자는 명료하게 말하고 있다.

공자가 말하였다. 군자는 의로써 바탕으로 삼고, 예로써 이를 행하며, 겸손으로써 이를 드러내며, 믿음으로써 이를 이루나니 그렇게 하면 군자이다."

子曰 : "君子義以爲質, 禮以行之, 孫以出之, 信以成之, 君子哉!"

『論語』, 「衛靈公」

덕행이 있는 군자는 의리義理로써 마음을 삼고 생명의 본질로 여기며, 아울러 '예절禮節'로써 '의義'를 실천하고, '겸손謙遜'으로써 '의義'를 표현하며, '성신誠信'으로써 '의義'를 완성해야 한다는 것이다. 의義는 군자 생명의 본질이므로 군자는 '의義'로써 기타 행위의 준칙으로 삼아야 하는 것이다. 상문은 '義以爲質'의 취지인데, '禮以行義'를 미루어 생각해 보면, 양자는 표리상통表裏相通함을 알 수가 있고, '예禮'와 '의義'는 서로 밀접한 관계임을 충분히 알 수가 있다.

『예기』, 「예운」편에 기재된 예禮와 의義의 관계를 살펴보면,

예禮라는 것은 의義의 실상[의]에 따라 규정된 제도]이며 의義에 화합하도록 하여, 합당하게 한다면, 비록 선왕이 예를 아직 갖추지 않았다 하더라도 의義를 통해서 예禮를 일으킬 수 있다.

禮也者, 義之實也, 協諸義而協, 則禮雖先王未之有, 可以義起也.

대개 예禮는 의義로써 바탕[質]을 삼고 의義로써 결단[斷]하는 것이다. 만약 예禮가 의義에 근본하지 않는다면 예禮의 의의를 잃게 된다. 그러므로 진대제陳大齊 선생은 「義與禮的同異」 일문에서 '의義의 성誠은 내재적인 것이기에 예禮로 인해 드러나며, 예禮의 형形은 외재적인 것이기에 의義로써 드러난다.'15)고 하였으니 양자는 내외의 관계이자 표리 관계임을 알 수가 있다.

이른바 '義者, 宜也'16)는, 곧 인간의 내재적 덕행이다. 공자는 사람은 마땅히 '의에 대하여 잘 알아야하고[喩於義]'17), '의를 으뜸으로 여기며[義以爲上]'18), '의를 행할 때에는 그 도道를 통달시켜야 한다.[行義以達其道]'19), 그리고 '얻는 것이 있을 때에는 의를 염두에 두어야 한다.[見得思義]'20), '백성을 부림에는 의가 있어야 한다.[使民也義]'21)고 하였다. 더욱이 '오로지 주장하는 것도 없으며 그렇게 하지 않는다는 것도 없어서 오직 의를 따라야 한다.[無適也, 無莫也, 義與之比]'22)

---

15) 陳大齊. 「義與禮的同異」, 『孔子言論貫通集』, 臺灣 商務印書館, 1987, p.21.
16) 『禮記』, 「中庸」. 十三經注疏本, 臺灣, 藝文印書館, p.889.
17) 『論語』, 「里仁」.
18) 『論語』, 「陽貨」.
19) 『論語』, 「季氏」.
20) 『論語』, 「季氏」.
21) 『論語』, 「公冶長」.

고 강조하며 도덕수양의 방법을 설명하였다. 즉 모든 언행은 의義에 부합되지 않으면 안 되며, 의義로써 판단의 준칙으로 삼아야 한다는 것이다. 다시 말해 예禮는 의義의 외재적 표현이며, 예禮의 실천 역시 '의宜'에 부합되는 것이어야 한다.

'예禮'와 '의義'는 서로 표리상의表裏相依 하는 관계이며, 예禮가 있는 곳에는 반드시 의義가 존재한다. 이론상으로 말하자면 예禮는 의義로써 그 실질로 삼아야 하며, 실천 상으로 말하자면 예禮와 의義는 서로 공존하는 것이다. 즉, 의義는 예禮속에 있고 예禮 역시 의義 속에서 존재하는 것이다.

---

22) 『論語』, 「里仁」.

제3절

예禮와 인仁 · 의義의 합일

인仁 · 의義 · 예禮는 공자 사상의 근간을 이루고 있다. 이들은 모두 인간의 내재적 덕성과 인본人本에 입각하여 드러나고 있다. 인본의 입장에서 말하자면 이상적 도덕 인격의 양성養成이다. 공자는 「술이」편에서,

> 도에 뜻을 두고, 덕을 근거로 하며, 인에 의지하고 예藝에 노닐어야 한다.
>
> 志於道, 據於德, 依於仁, 遊於藝.

라고 하였다. 인仁은 모든 품덕品德의 최고 경지이다. '依於仁'은 '성인成人'의 근본이며 '博學篤志, 切問近思'의 실천 노력과 그 과정 속에 있다. 『논어』에 기재된 부분을 보면 공자는 인仁을 쉽게 허여하지 않았다. 왜냐 하면, 성덕成德의 과정은 멈추어서는 안 되기 때문이다. 공자가 인정한 '군자'는 예의禮義를 겸비한 자이며 인仁에 도달하는 기

점이다. 「옹야」편에서 '文質彬彬, 然後君子'라고 하였는데 '문질文質'의 '질質'은 의義를 지칭하며, 예禮로써 의義를 실현하는 것이다. 예禮는 외적으로 행하는 것이기에 문식文飾과 절제節制를 겸비하여야 하는데, 이 때 예禮를 배우지 않으면 설 수가 없는 것이다[不學禮, 無以立也]. 예禮의 완성은 성숙한 인간의 문채文彩를 환연煥然하게 하는데, 만약 문채文彩의 실제적 의義를 계승하지 못한다면 예禮는 겉치레의 일시적 꾸밈에 그치고 만다. 즉 '文質彬彬'은 예禮와 의義가 함께 어우러져 덕德을 높이는 것이다. 치인자治人者는 인仁이 능히 지켜지며, 장엄함으로써 백성들에게 임하더라도 백성들을 흥기시키기를 예禮로써 하지 않으면 선善하지 못하다[23]. 그러므로 내성內聖적 인仁은 외부로 향하여 남에게 미치게 해야 한다. 다시 말해 인仁은 예禮를 통하여 '지선至善'에 이르는 것이다.

『예기』에서 말하기를,

　도덕과 인의는 예가 아니면 실현되지 못하고, 백성을 교화하고 풍속을 바로 잡는 것도 예가 아니면 갖추어지지 못한다.

　道德仁義, 非禮不成, 敎訓正俗, 非禮不備.　　　　　「曲禮上」

　개괄적으로 말해 인仁은 일종의 정신이라면 의義는 일종의 준칙이다. 예禮는 인仁과 의義가 실천될 때, 정신과 준칙이 서로 적응되는 형식이며 도덕 인의를 실현 할 때 예禮는 절대적으로 필요한 것이다. 공자는 또 다음과 같이 말하고 있다.

---

23) "仁能守之, 莊以涖之, 動之不以禮 未善也." 『論語』, 「衛靈公」.

덕으로써 인도하고 예로써 정연整然히 하면 부끄러워함이 있고 또 선善에 이르게 될 것이다.

道之以德, 齊之以禮, 有恥且格.　　　　　　　　　　『論語』,「爲政」

공자는 인성을 파악함에 있어 인도人道를 세우고 이상적이며 완전한 인격의 수립을 인仁의 최종 목표로 삼았다. 이 완전한 목표를 달성하기 위해서는 도덕적 수양과 자아의 노력을 필요로 하는데, 언행에 있어 '의義에 부합되었는가?', '예禮에 부합되었는가?', '이치理致에 합당한가?'가 중요한 요건이 된다. 그러므로 예禮와 의義는 서로 표리적인 관계이자 덕德을 행하는 요소가 된다. 예禮와 의義에 의거하여 모든 덕성의 수양을 통해야만 완전한 이상적인 인격[仁의 경지]에 도달 할 수가 있다. 그러므로 '예禮'와 '인仁'·'의義'는 서로 밀접한 체용體用의 관계에 있으며, '인仁'과 '의義' 양자 중 하나라도 결핍이 된다면 그것은 온전한 '예禮'라 할 수가 없다.

공자 예학禮學의 함의

제1절

예禮의 실천 준칙

공자의 학설은 대부분 인간의 일상생활을 강조하였다. 예禮를 논함
에 있었어도 특별히 예禮의 실천 준칙을 중시하였다. 예禮의 실천 준
칙은 인仁과 의義 외에 다른 원칙과 호응을 이루어야 하는데, 이들을
논해 보면 다음과 같다.

1. 경敬 · 양讓 · 검儉

'경敬'은 인륜과 사회, 친친親親에 필수적이며, 주초周初 시기 가장
중요한 도덕관념 중의 하나였다. 춘추시대에 이르러 이 경敬의 의의는
일반인에게까지 보급 되었는데, 『좌전』에 기재되어 있는 내용들을 살
펴보면 다음과 같다.

공경은 예의 수레이니, 공경하지 않으면 예가 행해지지 않는다.

敬, 禮之輿也, 不敬則禮不行.　　　　　　　　　　　「僖公十一年」

공경은 덕이 갖추어져 나타나는 것이다.

敬, 德之聚也.「僖公三十三年」

예는 몸[자신]의 근간이며, 공경은 몸[자신]의 기본이다.

禮, 身之幹也. 敬, 身之基也.「成公十三年」

　상문에 의하면 경敬은 예禮를 행하는 내심內心의 바탕이 된다. 공자는 예禮를 논하면서 내심內心의 성경誠敬 여부를 상당히 중시하였는데, 만약 마음에 성경誠敬이 있으면 인심仁心 역시 쉽게 드러난다. 그러므로 예禮를 행하는데 경敬은 필수적이며, 경敬이 없다면 예禮는 성립되지 않는 것이다. 『논어』, 「팔일」편은 다음과 같이 말하고 있다.

　공자께서 태묘에 들어가 일마다 물으시니 어떤 이가 말하기를 "누가 추땅 사람의 아들[공자]을 보고 예를 안다고 하였는가? 태묘에 들어와 일마다 묻는구나!" 공자가 이 말을 듣고 말하기를, "이것이 바로 예이다." 하셨다.

　子入大廟, 每事問. 或曰 : "孰爲鄹人之子知禮乎? 入大廟, 每事問."
　子聞之曰 : "是禮也."

　공자가 태묘에 들어가 근신하며 예禮를 준수한 것이 오히려 예禮를 알지 못하는 자로 인식 되었으나, 사실 공자의 행위는 공경의 표현이었다. 그러므로 공자는 '是禮也'라고 답한 것이다. 그리고 맹의자孟懿子가 효孝에 대하여 묻자 공자는 '無違'로써 대답하였다. 그 뜻은 바로 아래의 말이다

제4장 공자 예학禮學의 함의　85

살아 계실 때에는 예로써 섬기고, 돌아가시게 되면 예로써 장례를
지내며, 제사를 예로써 모셔야 한다.

生, 事之以禮. 死 , 葬之以禮. 祭之以禮.   『論語』, 「爲政」

　부모님이 살아 계실 때는 예禮로써 섬겨야 하는데 만약 불경不敬
한다면 견마犬馬를 기르는 것과 무엇이 다르겠는가? 부모가 돌아가시
면 장례와 제사는 예禮에 따라 행하여야 하는데 이것이 바로 자장子張
이 말한 '祭思敬'[24]이다. 다시 공자의 제사에 대한 태도를 살펴보면,

　　[공자께서는]제사에 임해서는 조상이 계신 듯이 하고, 신에게 제사지
　　낼 때는 그 신이 있는 듯이 하였다. 그리고 이렇게 말씀하셨다. "내가
　　참여하지 아니한 제사는 마치 제사지내지 않은 것과 같다."

　　祭如在, 祭神如神在. 子曰 : "吾不與祭, 如不祭."   『論語』, 「八佾」

　공자는 심중心中에 조상과 신에 대한 성경誠敬이 없다면 제사에 참
여하지 않는 것과 같으며, 설령 남이 대신 제사를 지낸다 하더라도
마치 제사지내지 않은 것과 같다고 여겼다. 공자가 강조 한 바는 부모
님이 살아 계실 때와 돌아가신 후에도 그 섬기는 것은 한결같이 공경
을 다 하여야 한다는 것이다. 또『논어』, 「팔일」편에서,

---

24) 자장이 말하였다. "선비는 위험을 보면 목숨을 바칠 생각을 하고, 이익을
　　보면 의를 생각해야 한다. 제사에는 공경을 생각하고, 상례에는 슬픔을 생각해
　　야 한다. 그렇게 하면 가 하나니라." [子張曰 : "士見危致命, 見得思義, 祭思敬,
　　喪思哀, 其可已矣."] (『論語』, 「子張」)

공자가 말하였다. "윗자리에 있으면서 관용을 베풀 줄 모르고, 예를 행하면서도 공경하지 않으며, 상喪에 임하여 슬퍼하지 않는다면 내가 무엇으로 그를 관찰하겠는가?

子曰 : "居上不寬, 爲禮不敬, 臨喪不哀, 吾何以觀之哉!"

무릇 예禮를 행할 때는 성경誠敬을 근본으로 삼아 표리表裏가 한결같아야 하는데, 만약 예禮를 행하는데 공경심이 없다면 무엇으로 그 행실의 잘잘못을 관찰 하겠는가? 그리고 『논어』, 「자로」편에서 공자는 다음과 같이 말하고 있다.

윗사람이 예를 좋아하면 백성들이 감히 공경하지 않을 자가 없을 것이며, 윗사람이 의를 좋아하면 백성들이 감히 복종하지 않는 이가 없고, 윗사람이 믿음을 좋아하면 백성들이 감히 성실하지 않는 이가 없을 것이다.

上好禮, 則民莫敢不敬. 上好義, 則民莫敢不服, 上好信, 則民莫敢不用情.

위정자가 예禮를 행함에 경敬으로써 한다면 백성들은 그 교화敎化를 받아 공경하고 복종하여 나라가 잘 다스려 지는 것이다. 그러므로 예禮는 경敬의 공효功效라 할 수 있다.

'양讓'역시 예禮의 중요한 실천준칙이 된다. 『좌전』에 다음과 같이 기재하고 있다.

군자가 말하기를 "양讓은 예의 주체이다."

君子曰 : "讓, 禮之主也." 「襄公十三年」

예禮는 양讓을 미美로 삼으니 양은 곧 예의 표현이다. 예양禮讓의
정신은 작게는 수신修身에 이르며 크게는 치국治國에 까지 이른다. 그
러므로 양讓 역시 예의 중요한 준칙으로 필수 불가결한 것이다. 『논
어』, 「팔일」편에서,

군자에게는 다툼이 없다. 꼭 그러할 경우라면 사례射禮에서는 경쟁
을 한다. 읍하고 사양하며 사대射臺에 올라가고, 내려와서는 [술을]마
시니 그런 다툼이 군자의 다툼이다.

君子無所爭, 必也射乎, 揖讓而升, 下而飮, 其爭也君子.

군자는 다툼이 없기 때문에 양讓으로써 수기修己 할 수 있다. 그리
고 '揖讓而升'은 곧 예양禮讓의 구체적 표현이다. 또 『논어』, 「이인」편
에서 공자는 다음과 같이 말하고 있다.

공자가 말하였다. "예와 겸양으로써 나라를 다스린다면 무슨 어려움
이 있겠는가? 예와 겸양으로써 나라를 다스리지 못한다면 예를 어찌
하겠는가?"

子曰 : "能以禮讓爲國乎, 何有? 不能以禮讓爲國, 如禮何?"

그리고 『논어정의』에서, "겸양은 예禮의 실상이며 예는 겸양의 문식
이다. 선왕께서 백성들이 다툼이 있을까 염려하여 예를 제정하고 백성

들을 다스렸다. 예는 사람의 마음을 정연하게 하고 그 혈기를 억제하여 백성들을 모두 중화中和에 이르게 하는 것이다."25)라고 하였는데, 곧 예양禮讓의 교화는 개인의 수신에서 시작하여 정치에까지 미치는 것이기에 그 영향은 매우 크다.

'검儉' 역시 예禮의 중요한 실천준칙의 하나이며, 공자 예학禮學 중 비교적 특별한 부분이다. 예를 들어 제례祭禮에 대하여 공자는 다음과 같이 말하였다.

> 삼으로 짠 면류관을 쓰는 것이 예禮이기는 하나, 지금은 생사로 짠 것을 쓰니 검소하다. 나는 많은 사람들이 하는 대로 따르겠다.
>
> 麻冕, 禮也. 今也純, 儉, 吾從衆.　　　　　『論語』, 「子罕」

예禮의 규정에 의하면 제사에 검은 삼베로 만든 치포관緇布冠을 쓰는 것이 당연한데, 검소함을 위하여 생사로 만든 관冠을 사용하는 것은 비록 예禮에는 부합되지 않으나 공자는 검소한 시속時俗을 존중하였다. 그리고 안연의 후장厚葬 문제에 있어서도 예禮는 검소해야 함을 엿 볼 수 있다.

> 안연이 죽자 문인들이 후하게 장례를 치르려 하자 공자께서 이렇게 말씀하셨다. "안 된다." 그런데도 문인들이 후하게 장례를 치르자 공

---

25) "讓者, 禮之實. 禮者, 讓之文. 先王慮民之有爭也, 故制爲禮以治之. 禮者, 所以整一人之心志, 而抑 制其血氣, 使之咸就於中和也." 『論語正義』, 卷五, 淸, 劉寶楠, 臺灣, 中華書局, 1981, p.6.

자께서 말씀하셨다. "안회는 나 보기를 아버지처럼 여겼는데 나는 그를 자식처럼 대할 수가 없구나. 내 뜻이 아니다. 저 문인들 때문이다."

顔淵死, 門人欲厚葬之. 子曰 : "不可." 門人厚葬之. 子曰 : "回也視予猶父也, 予不得視猶子也, 非我也, 夫二三者也." 『論語』, 「先進」

공자의 고인故人에 대한 생각을 미루어보면 후장厚葬은 비단 그 감정에 기탁寄託하지 않을 수 없지만, 그 감정을 조금은 약화시켜 '사람과 사람의 감정'을 '사람과 사물의 관계'로 변화 시켰다. 이점은 후대 후장厚葬을 주장한 속유俗儒들과 구별된다. 공자는,

살아 계실 때에는 예로써 섬기고, 돌아가시면 예로써 장례를 지내며, 제사를 예로써 모시는 것이다.

生, 事之以禮. 死, 葬之以禮, 祭之以禮.   『論語』, 「爲政」

라고 하였는데 이것은 곧 '예禮'로써 일상생활의 기준을 삼은 것이다. 그리고 "예는 사치하기 보다는 차라리 검소하여야 한다."26)라고 한 부분은 곧 공자의 예禮에 대한 기본 태도이다. 또 공자는 "사치하면 공손하지 못하고 검소하면 고루하니, 공손하지 못한 것 보다는 차라리 고루한 것이 낫다."27)고 하였다. 예禮와 검儉을 연계시켜 결함을 서로 보충 한다면 예禮의 의의를 더욱 발휘할 수 있는 것이다.

이상에서 논한 것을 미루어 보면, 예禮의 실천준칙은 반드시 내심에 '성경誠敬'을 필요로 하며, '양讓'으로 미덕을 삼고, '검儉'으로 절용節用

---

26) "禮與其奢也, 寧儉." 『論語』, 「八佾」.
27) "子曰 : '奢則不孫, 儉則固. 與其不孫也, 寧固.'" 『論語』, 「述而」.

을 삼는다. 그러나 경敬·양讓과 검儉이 너무 지나치거나 미치지 못한다면 반드시 예禮로써 제어를 하여야 하는데, 만약 그렇지 못하면 중도中道를 잃어 폐단에 빠지게 된다.

2. 인시제의因時制宜

본질적으로 인류 사회는 하루라도 예禮가 없을 수 없다. 인간이 존재 하는 곳에는 반드시 사람마다 공동으로 준수해야 하는 행위준칙인 예禮가 필요하다. 이것은 시대와 장소를 막론하고 필연적인 것이다. 그러나 예禮는 시대의 변화를 따라 변하며 사회제도를 따라 조금씩 달라져 간다. 공자는 하夏·상商·주周 삼대三代 예禮는 그사이 전승에 있어서 '손익損益[가감]'이 있다고 하였다.

> 자장이 여쭈었다. "앞으로 십 세대世代후의 일을 미리 알 수 있습니까?" 공자께서 말씀하셨다. "은나라는 하나라의 예를 인습하였으니 가감加減한 것을 알 수 있으며, 주나라는 은나라의 예를 인습하였으니 가감을 알 수 있다. 혹 주나라를 잇는 자가 있다면 백세 뒤라도 알 수 있을 것이다."
>
> 子張問 : "十世可知也?" 子曰 : "殷因於夏禮, 所損益可知也. 周因於殷禮, 所損益可知也. 其或繼周者, 雖百世可知也."
>
> 『論語』, 「爲政」

은殷·주周 양대兩代는 하례夏禮와 은례殷禮에 의거하여 손익損益이 있다고 공자는 말하였는데, 예禮의 사실상의 변동에 관해서만 서술하였지 예禮의 손익에 대한 허락 여부는 언급이 없다. 그러나 "其或繼周者, 雖百世可知也."라는 말의 뜻을 새겨보면 사실상 예禮는 손익이 있을 수 있음을 인정한 말이며 또한 예禮는 변화가 있을 수 있다는 것을 인정한 것이다.

공자가 말하였다. "삼으로 짠 면류관을 쓰는 것이 예禮이기는 하나, 지금은 생사로 짠 것을 쓰니 검소하다. 나는 많은 사람들이 하는 대로 따르겠다. [堂]아래에서 절하는 것이 예禮인데, 지금은 [堂]위에서 절을 하니 거만하다. 비록 많은 사람들과는 어긋나나 나는 [堂]아래에서 절하겠다.

子曰 : "麻冕, 禮也. 今也純, 儉, 吾從衆. 拜下, 禮也, 今拜乎上, 泰也. 雖違衆, 吾從下."   『論語』,「子罕」

공자는 당시의 예禮를 따르면서 한편으론 고례古禮를 따랐다. 이것은 고례古禮에 구속되지 않고 그 합당한 것을 선택한 것임을 알 수가 있다. 그 권형權衡의 표준은 불변하는 예禮의 본질인 인仁과 의義이다.

예禮의 실천은 시대를 따라 그 시대에 맞게 정하는 것이다[因時制宜]. 그러나 공자는 예禮의 실천 문제에 변화 가능성은 인정하였으나 예禮의 의식은 폐지하지 말아야 한다고 하였다.

자공이 매월 초하루를 알리는 제사[告朔禮]에 바치는 희생양을 없애려 하자, 공자께서 말씀하셨다. "사賜야! 너는 그 양을 아까워하느냐? 나는 그 예를 아낀다."

子貢欲去告朔之餼羊. 子曰 : "賜也! 爾愛其羊, 我愛其禮."   『論語』,「八佾」

공자는 곡삭告朔의 예禮는 존재의 가치가 있다고 여겨 폐지하지 않기를 희망하였다. 예禮가 폐지되었더라도 양羊이라도 남아 있으면 오히려 그 의식을 기억할 수 있어서 예禮를 복구할 수는 있지만, 만약 그 양마저 없애버린다면 이 예禮는 마침내 사라질 것이다. 예禮의 형식은 곧 예禮의 정신을 표현하는데 있다. 비록 시대에 따라 변화가 있을 수 있으나 예禮를 완전히 폐지할 수는 없는 것이다.

공자가 논한 예禮는 내외의 두 방면으로 분석할 수 있다. 이른바 내면적인 면은 예禮의 대본大本이며 외면적인 면은 예禮의 의절儀節이다. 공자가 변화가 있을 수 있다고 여긴 부분은 외면적인 의절이며, 내면적 대본은 절대 변화 될 수 없다고 여겼다. 그러므로 공자가 말한 예禮는 상대성과 절대성이 있다. 변화가 있을 수 있는 예禮는 상대성의 예禮며, 변화될 수 없는 예禮는 곧 절대성의 예禮이다.

제2절

禮의 실행작용

예禮는 음식·기거起居로부터 관혼상제, 복제服制등 인간의 사회생활 각 방면에 이르기까지 연관되지 않는 것이 없다. 인류 생활 행위를 조절하고, 사회질서를 유지하며 인人·사事·물物에 대하여 규범을 정하는 역량을 갖추고 있다. 그러므로 진대제陳大齊 선생은 예禮를 실행하는 방면에 있어 세 가지 작용이 있다고 하였다. 즉 지도작용指導作用, 절제작용節制作用, 일관작용一貫作用이다[28].

지도 작용은 사람의 언행에 있어서 무엇을 당연히 해야 하고, 무엇을 해서는 안 되는지의 규범을 지도·관할하는 것이다. 그 규범에 일치되는 것은 격려를 통해 실행에 옮겨지고 규범에 일치되지 않는 것은

---

28) 陳大齊선생은 '義'에 있어서 指導, 節制, 貫串(一貫)의 세 가지 작용이 있다고 하였다. 이 세 가지 작용은 지도 작용이 근본이 되며 그 나머지 두 작용은 모두 지도 작용의 필연적 파생이라고 하였다. 그리고 禮 역시 이 세 가지 작용을 구비하고 있다고 하였는데 '義'와 서로 동일하다. 고 하였다. 『孔子學說』, 臺灣 正中書局, 1987, p.144.

저지를 받아 실행에 옮겨지지 않는 것이다. 이것이 바로 절제작용이다. 그리고 일체의 사물은 반드시 규범에 부합되어야 한다. 그러면 이 규범은 모든 일상에 관통되어지니 지도작용은 또 일관작용이 되는 것이다. 이 세 가지 작용들은 한 근본에서 나왔으나 제각기 그 용도가 따로 있다. 이 세 가지 작용을 논해보면 다음과 같다.

1. 지도작용指導作用

지도작용은 곧 개인의 언행을 지도·관할·통제하는 것이다. 무엇을 응당 행해야 하는지? 무엇을 행하지 말아야 하는지? 사람들로 하여금 그 행위가 규범에 적극적으로 부합 되게 하는 것이다. 『논어』, 「위정」편을 살펴보면,

> 맹의자가 효에 대해서 묻자, 공자께서 말씀하셨다. "어김이 없어야합니다." 번지가 수레를 몰고 있었는데, 공자가 번지에게 이렇게 일러 주었다. "맹손이 나에게 효에 대해서 묻기에 '어김이 없어야 한다.'고 대답하였다." 번지가 여쭈었다. "무슨 뜻입니까?" 공자께서 말씀하셨다. "살아 계실 때에는 예로써 섬기고, 돌아가시게 되면 예로써 장사지내며, 예로써 제사지내는 것이다."

> 孟懿子問孝. 子曰 : "無違." 樊遲御, 子告之曰 : "孟孫問孝於我, 我對曰 : 無違." 樊遲曰 : "何謂也?" 子曰 : "生, 事之以禮. 死, 葬之以禮, 祭之以禮."

사람은 누구나 생사를 막론하고 예禮의 규범에 따라 부모를 섬기고

봉양하여야 한다. 그리고 예禮를 생·사·장·제의 전 과정까지 관철하여 위배됨이 없어야 한다. 그러므로 이른바 무위無違는 '예禮에 어긋남이 없어야 한다[無違於禮]'는 의미이지 '부모의 의지와 뜻에 어긋남이 없다[無違父母之意志]'는 말은 결코 아니다. 그러므로 공자는 반드시 예禮의 지도와 관할管轄에 따라야 함을 명백히 하였고 시종일관 예禮를 지도 원칙으로 여겼다. 그리고 안연이 인仁을 묻자 공자는 '극기복례克己復禮'라고 대답하였으며 그 조목을 묻자 다음과 같이 대답하였다.

> 공자께서 말하였다. "예가 아니면 보지 말며, 예가 아니면 듣지 말며, 예가 아니면 말하지 말며, 예가 아니면 움직이지 말라"
>
> 子曰 : "非禮勿視, 非禮勿聽, 非禮勿言, 非禮勿動." 『論語』, 「顔淵」

사람의 시·청·언·동은 반드시 예禮에 의하여 제재를 받으며, 자신의 언행은 예의禮儀의 준칙에 의거하여 과실過失이 없게 하여야 한다는 것이다. '극기복례克己復禮'의 뜻을 새겨 보면, 인仁은 비록 모든 덕德의 종합이기는 하지만 오히려 예禮의 통제와 관할을 받게 된다. 즉 모든 덕의 행위는 자연히 예禮를 그 준칙으로 삼아야 되는 것이다.

2. 절제작용節制作用

예禮는 모든 덕德을 지도·관할한다. 그러므로 모든 덕은 당연히 절제節制작용을 구비하고 있다. 예禮의 절제작용은 사람의 행위를 규범

에서 벗어나지 않게 하는 것이다. 이른바 '발어정發於情', '지어예止於
禮'가 바로 이성적 절제 작용을 이르는 말이다.『논어』,「태백」편에서,

공자가 말하였다. "공손하기만 하고 예가 없으면 수고롭고, 신중하기
만 하면서 예가 없으면 두렵고, 용맹하기만 하고 예가 없으면 혼란스
럽고 강직하기만 하고 예가 없으면 다급해진다."

子曰 : "恭而無禮則勞, 愼而無禮則葸. 勇而無禮則亂, 直而無禮則絞."

공경·근신·용감·강직은 모두 인간의 미덕美德에 속하는 것이다.
그러나 예禮로써 절제하지 않는다면, 노勞·시葸·난亂·교絞 네 가지
의 폐단에 빠지게 된다. 그러므로 공경하되 수고롭지 않으며, 삼가신
중되 두렵지 않으며, 용맹하되 혼란스럽지 않으며, 강직하되 남을 자
극하지 않으려면 예禮의 절제에 의존하지 않을 수 없다. 또『논어』,
「양화」편을 살펴보면,

공자가 말하였다. "유야! 너는 육언과 육폐에 대해 들어본 적이 있느
냐?" 자로가 대답하였다. "아직 없습니다." "앉아라! 내 너에게 말해
주마. 인仁만 좋아하고 배우기를 좋아하지 않으면 그 폐단은 어리석
게 되고, 지혜만 좋아하고 배우기를 좋아하지 않으면 그 폐단은 방탕
하게 되고, 믿음만 좋아하고 배우기를 좋아하지 않으면 그 폐단은
해치게 되고, 정직한 것만 좋아하고 배우기를 좋아하지 않으면 그
폐단은 급하게 되고, 용맹만 좋아하고 배우기를 좋아하지 않으면 그
폐단은 어지럽게 되고, 강한 것만 좋아하고 배우기를 좋아하지 않으
면 그 폐단은 조급하고 경솔하게 된다."

子曰 : "由也! 女聞六言六蔽矣乎?" 對曰 : "未也." "居! 吾語女. 好仁

不好學, 其蔽也愚 ; 好知不好學, 其蔽也蕩 ; 好信不好學, 其蔽也賊
; 好直不好學, 其蔽也絞 ; 好勇不好學, 其蔽也亂 ; 好剛不好學, 其
蔽也狂."

앞서 인용한 「태백」편의 '勇而無禮則亂'·'直而無禮則絞'와 상문의
'好直不好學'·'好勇不好學'의 폐단은 서로 같으며 학자가 예禮를 행하
는데 있어 인仁 · 지智 · 신信 · 강剛 역시 예로써 절제하여야 함을 알
수 있다.

> 유자가 말하였다. "예의 작용은 조화[화합]를 귀한 것으로 여긴다.
> 선왕의 도에서도 이것을 아름답게 여겼다. 작은 일과 큰일에 모두
> 이것을 따랐다. [그러나]행하지 못 할 것이 있으니 조화로움[화합]을
> 안다고 조화로움[화합]만 하고 예로서 절제하지 않는다면 이 또한 행
> 할 수 없는 것이다."
>
> 有子曰 : "禮之用, 和爲貴. 先王之道, 斯爲美 ; 小大由之. 有所不
> 行, 知和而和, 不以禮節之, 亦不可行也."   『論語』, 「學而」

이상에서 알 수 있듯이 예의 작용은 조화와 화합을 귀중하게 여긴
다. 그러나 조화와 화합의 여부는 반드시 예로써 절제되어야 한다.
그러므로 모든 덕德의 실천은 이성적 절제작용을 통하여 그 행위의
적합함에 이르게 하는 것이다.

3. 일관작용—貫作用

일관작용이란, 예禮의 원칙은 일체의 사물과 언행 속에 널리 분포되어 있고 이 일체의 사물과 언행10은 모두 일관되지 않는 것이 없다는 뜻이다. 서두에서 이미 언급하였듯이 바로 지도작용에서 필연적으로 파생된 것이다. 그러므로 공자의 논리 중 비록 지도작용 등과 같은 명확한 표현은 없으나 문헌과 자료를 통하여 추론해 볼 수 있다.

공자가 말하였다. "문文에 대해서 널리 배우고 예禮써 요약한다면 역시 道에 어긋나지 않게 될 것이다."

子曰 : "君子博學於文, 約之以禮, 亦可以弗畔矣夫!"

『論語』, 「雍也」·「顔淵」

선생님께서 차근차근 사람을 잘 이끄시어 나를 문文으로써 넓혀주시고 나를 예禮로써 요약되게 해주셨다.

夫子循循然善誘人, 博我以文, 約我以禮.　　　　　　『論語』, 「子罕」

'約我以禮'에서 우리는 예에 일관작용을 갖추고 있음을 추론할 수 있다. 박博은 다문다견多聞多見하여 고대의 문화전적을 광범위하게 학습하는 것이며, 약約은 자신은 물론 번잡함을 통솔統率 요약要約하는 것이다29). 비록 군자가 박학어문博學於文 하더라도 만약 모든 덕德을 예로써 요약하지 못한다면 배움에 있어서 산란함과 잡박雜博함을 면하기 어렵고 '博'과 '約'이 함께 병진竝進되기 어려울 뿐만 아니라 '文'과

---

29) 陳大齊, 『孔子學說』, 陳大齊, 臺灣 正中書局, 1987, p.149.

'禮'를 함께 수행하기는 더욱 어려울 것이다. 그러므로 예의 작용을 널리 배우고 익혀 그 배운 바의 예를 일관되게 지켜 나가야 한다.

예는 사람의 행위에 대해 지도·절제·일관의 작용들을 다 갖추고 있으므로 사람과 사람간의 관계를 더욱 원만하게 할 뿐 아니라 화합和合을 촉진케 한다. 그러므로 공자가 예를 중요시한 본의도 바로 여기에 있는 것이다.

제3절

예의 구체적 표현

공자 예학의 구체적 표현은 길례吉禮·흉례凶禮·군례軍禮·가례嘉禮·빈례賓禮의 오례五禮에 있다.[30] 공자의 언론言論 중 길례가 최고 상세하며 흉례가 그 다음이다. 길례는 제사를 위주로 하며 흉례는 상장喪葬을 위주로 한다. 군례·가례·빈례가 그 뒤를 잇는다. 공자가 최고 중요시한 것은 상례喪禮와 제례祭禮이다. 이를 나누어 서술하면 다음과 같다.

1. 길례吉禮

---

30) 오례五禮의 조목은 『周禮』에 보인다. "春官大宗伯」云 : '以吉禮事邦國之鬼神……, 以凶禮哀邦國之憂……, 以賓禮親邦國……, 以軍禮同邦國……, 以嘉禮親萬民.'"이라 하였으며, 오례五禮의 내용은 『禮記正義序』云 : "案舜典云 : 類于上帝則吉禮也 ; 百姓如喪考妣則凶禮也 ; 群后四朝則賓禮也 ; 舜征有苗則軍禮也 ; 嬪于虞則嘉禮也."이다.

길례는 곧 제례祭禮이다. 천지天地와 귀신鬼神, 선조先祖에게 제사지 내는 활동을 포함하며 길례를 오례五禮 중 최우선으로 하였다. 공자가 논한 제례는 두 가지 의미가 있다.

첫째, 제사의 대상은 미신적 귀신이 아니며 단지 제사를 통하여 반 본보은反本報恩의 마음을 배양하여 사람들로 하여금 덕성德性을 돈후 敦厚하게 하는 것이다. 공자는 비록 제사와 귀신에 대해 중시하였으나 본질상 이미 새로운 전환이 있었다. 공자의 귀신에 대한 태도는 아래 인용문에서 그 의미를 찾아 볼 수 있다.

> 공자는 괴이한 것과 용력勇力과 패란悖亂과 귀신에 관한 것은 말하지 아니하였다.
>
> 子不言怪力亂神.   『論語』,「述而」

> 계로가 귀신 섬기는 일에 대해 여쭙자 공자께서 말씀하셨다. "사람을 섬기는 일에 능하지 못하다면 어찌 귀신을 섬기는 일에 능하겠는 가?" 다시 여쭈었다. "감히 죽음에 대해서 여쭙습니다." 공자께서 말 씀하셨다. "삶을 모른다면 어찌 죽음을 알겠느냐?"
>
> 季路問事鬼神, 子曰 : "未能事人, 焉能事鬼?" 曰 : "敢問死." 曰 : "未 知生, 焉知死?"   『論語』,「先進」

> 번지가 지혜에 대해서 여쭙자 공자께서 말씀하셨다. "사람으로서 의 義에 힘쓰고 귀신을 공경하되 멀리 한다면 지혜롭다 말할 수 있다."
>
> 樊遲問知, 子曰 : "務民之義, 敬鬼神而遠之, 可謂知矣."
>
>   『論語』,「雍也」

이상의 인용문을 살펴보면, 공자는 귀신에 대해 중시하지 않은 태도를 볼 수 있다. 귀신을 지혜를 구하는 범주에 넣지 않았다. 현실 생명과 비교를 하자면 귀신은 오히려 인사人事의 부차적인 것이다.

둘째, 귀신과 관계있는 것이 바로 제사활동이다. 그러나 이론적으로 말하자면, 공자는 이미 귀신의 문제를 중시하지 않았으니 당연히 제사를 중시하지 않았어야 한다. 그러나 『논어』에 나타난 공자는 제사에 대해서는 근신謹愼의 태도를 보이는 반면, 오히려 귀신은 경시輕視하는 태도를 보인다.

공자께서 태묘에 들어가 매사를 물으시니, 어떤 이가 이렇게 비꼬았다. "누가 추鄒나라 사람의 아들(공자)을 보고 예를 안다고 하였는가? 태묘에 들어와 일마다 묻는구나!" 공자가 이 소리를 듣고 말하였다. "이것이 바로 예이다."

子入太廟, 每事問. 或曰 : "孰謂鄹人之子知禮乎? 入太廟, 每事問."
子聞之, 曰 : "是禮也."   『論語』,「八佾」

[공자는]제사에 임해서는 선조가 계신 듯이하고, 신에게 제사지낼 때는 신이 있는 듯이 하셨다. 그리고 공자께서 말씀하셨다. "내가 참여하지 아니한 제사는 마치 제사지내지 않은 것과 같다."

祭如在, 祭神如神在. 子曰 : "吾不與祭, 如不祭."   『論語』,「八佾」

이상의 두 가지 태도는 모순된 듯 보인다. 그러나 우리가 만약 공자 교화敎化의 핵심을 자세히 살펴본다면 결코 모순되지 않음을 알 수 있을 것이다.

삶의 문제와 대비해 보면, 공자는 비록 귀신의 문제를 중시하지 않앞으나 귀신신앙은 당시 여전한 사회풍속 중 하나였다. 귀신은 지식으로 그 존재의 유무를 증명 할 수 없다. 그러므로 공자는 귀신에 대해 정서상 전통적인 '경지敬之'의 심리를 유지하였으나 이치상으로는 그 존재의 여부를 증명 할 수 없기 때문에 그가 관심을 가지는 인사人事와 도덕에는 직접적인 관계가 없다. 그러므로 '원지遠之'의 태도를 유지하였다. 일경일원一敬一遠은 전통종교 신앙으로 전환하고 제사는 종교의 수단이 아닌 윤리 교화의 목적으로 인도하였다.

이른바 '祭如在, 祭神如神在'의 '如'는 귀신의 객관적인 존재를 인정하지 않는다는 의미이다. 제사의 핵심은 제사를 받는 귀신에게 있는 것이 아니라 제사 지내는 자의 정성어린 마음에 달려있음을 증명하기에 충분하다. 그러므로 공자는 제사의식에 반드시 친히 참석하여야 비로소 제사의 의의를 충분히 느낄 수 있다고 한 것이다. 다음의 인용문을 보면 제사의 의의가 보본반시報本反始와 신종추원慎終追遠에 있음을 더욱 잘 알 수 있다.

> 공자가 말하였다. "우 임금에 대해서는 나는 평론 할 수가 없다. 스스로의 음식은 간략하면서 조상귀신에게는 효성을 다하는구나."
>
> 子曰 : "禹, 吾無間然矣! 菲飲食, 而致孝乎鬼神."　　『論語』, 「泰伯」

상문의 제사는 윤리적 의의가 된다. 그러므로 공자는 귀신과 제사에 대한 태도와 일반 종교에 대해서는 근본적인 인식차이가 있다. 다시 말해 공자가 귀신을 언급할 때는 오히려 인사人事를 중요시 여기고, 제사를 언급할 때는 그 윤리적 의의를 강조하고 있다.

공자가 논하는 제례에는 별도의 특수한 의미가 있다. 즉 제사는 반드시 구분이 되어야 비로소 예에 부합된다는 것이다.

공자가 말하였다. "그 제사 지내야 할 귀신이 아닌데도 제사를 지내는 것은 아첨하는 것이다."

子曰 : "非鬼神而祭之, 諂也."   『論語』,「爲政」

마땅히 제사지내야 할 대상[귀신]이 아닌데 제사를 지내는 것은 사욕私慾이 있기 때문이니 아첨을 하지 않을 수 없다. 그러므로 공자는 이를 배척한 것이다. 또 『논어』,「팔일」편에 의하면

계씨가 태산에서 여旅제사를 지내자 공자께서 염유에게 말하였다. "네가 그것을 바로 잡을 수 없겠느냐?" 염유가 대답하였다. "불가능합니다." 공자께서 말하였다. "설마 태산의 신이 임방보다 못하다는 말이냐?"

季氏旅於泰山, 子謂冉有曰 : "女弗能救與?" 對曰 : "不能." 子曰 : "嗚呼! 曾謂泰山不如林放乎?"

계씨가 태산에서 여旅제사를 지낸 것은 당시 대부大夫로서 노魯나라 제후의 예를 이미 참월僭越하였고 더욱이 주周 천자에 참람僭濫되는 비례非禮 행위였다. 그러므로 공자는 "설마 태산의 신이 임방보다 못하다는 말이냐?"라고 깊이 개탄慨嘆한 것이다. 또 공자는 다음과 같이 말하고 있다.

공자가 말하였다. "체禘 제사는 강신주降神酒를 따른 이후부터는 내더 이상 보고 싶지 않다."

子曰 : "禘自旣灌而往者, 吾不欲觀之矣."   『論語』,「八佾」

공자가 체 제사를 보려 하지 않은 이유는 노나라 군주의 비례非禮행위를 찬성하지 않았기 때문이다. 그러나 존귀한 자의 잘못을 드러내지 않기 위하여[爲尊者諱] 제사의 비례 행위를 직언하기는 불편하였다. 그러므로 강신주降神酒를 따른 후, 희생犧牲을 맞이하는 예禮 부터는 보고 싶지 않다고 한 것이다.

2. 흉례凶禮

흉례는 죽음을 애도하고 재난을 위로하는 예이다. 즉 상례喪禮와 해害가 있는 사람과 물건人物을 애도하는 황례荒禮, 자연 재해를 애도하는 조례弔禮, 동맹국이 재화를 모아 포위되어 어려움을 겪고 있는 나라를 돕는 회례繪禮, 나라 안팎으로 일어난 군대의 반란을 애도하는 휼례恤禮 다섯 가지이다. 그중에 상례가 최고 중요하며 공자가 논한 흉례는 상례를 위주로 하고 있다. 상례는 부모의 상을 최고 중요한 것으로 여기고 있으며 인생의 큰 사건이다. 증자는 자장편에서 "사람이 모든 일에 스스로를 다하지 않았다 해도 반드시 친상親喪에는 정성을 다한다."[31]는 공자의 말을 인용하고 있다. 부모의 죽음을 마주하게 되면 자식으로서 여태 경험하지 못한 극도의 슬픔을 겪게 된다. 이것은 자식 된 자의 지극한 정情의 표현이다. 그러므로 공자는 상례를 특별히 중시 하였다.

---

31) "曾子曰 : '吾聞諸夫子, 人未有自致者也, 必也親喪乎!'" 『論語』, 「子張」.

재아가 여쭈었다. "부모를 위한 삼년상은 기년[일년상]만 하더라도 이미 너무 깁니다. 군자가 삼 년 동안 예를 행하지 않으면 예가 반드시 무너지고, 삼 년 동안 음악을 익히지 않으면 음악도 반드시 무너지고 말 것입니다. 묵은 곡식은 다 없어지고 새 곡식은 이미 오르고 불씨 만드는 나무도 바꾸어야 하니 일 년이면 그칠 만하다고 여깁니다." 공자가 말 하였다. "쌀밥을 먹고 비단옷을 입으면 너는 편안하느냐?" 재아가 대답하였다. "편안합니다.", "네가 편안하다면 그리 하라. 군자가 거상居喪에는 맛있는 음식을 먹어도 달지 않으며 음악을 들어도 즐겁지 않으며 거처에도 편안하지 않기 때문에 그러한 것은 하지 않는 것이니, 네가 편안하다면 그리 하여라." 재아가 나가자 공자는 말하였다. "재아는 어질지 못하구나! 자식은 태어난 지 삼 년이 지난 후에 부모의 품에서 벗어나게 된다. 무릇 삼년상은 온 세상의 공통된 상喪이다. 재아는 삼 년 동안 부모의 사랑을 받았는가?"

宰我問 : "三年之喪, 期已久矣. 君子三年不爲禮, 禮必壞, 三年不爲樂, 樂必崩. 舊穀旣沒, 新穀旣升, 鑽燧改火, 期可已矣." 子曰 : "食夫稻, 衣夫錦, 於女安乎?" 曰 : "安", "女安則爲之. 夫君子之居喪, 食旨不甘, 聞樂不樂, 居處不安, 故不爲也. 今女安則爲之." 宰我出. 子曰 : "予之不仁也! 子生三年, 然後免於父母之懷, 夫三年之喪, 天下之通喪也, 予也有三年之愛於其父母乎?" 『論語』, 「陽貨」

재여宰予의 질문은 삼년상은 기간이 너무 길고 그 폐단도 많아 서민들이 따르지 않은지도 이미 오래 되었고 그 명성만 남아 있을 뿐이니 차라리 실리를 찾는 것이 더 나으며, 일 년으로 개혁하는 것이 현실에 더 부합 된다고 여긴 것이다. 이 문제에 있어서, 재여는 시대의 발전 추세에 맞게 혁신적인 정신을 가져야 한다고 여겼다. 그러나 공자는 부모의 양육지은養育之恩을 따라야 한다고 하였다. 이 점은 자신을 되돌아보고 문제를 찾게 하는 계발교육啓發敎育의 태도로서 삼년상의 의의를 스스로 깨닫게 하는 매우 절실한 부분이다.

조상弔喪부분에 있어서도 당연히 정성을 다하여야 한다.

공자께서는 상을 당한 사람의 곁에서 음식을 먹을 때는 배부르게 먹은 경우가 없었다. 공자께서 그날에 곡哭을 하면 노래를 부르지 않았다.

子食於有喪者之側, 未嘗飽也. 子於是日哭, 則不歌. 『論語』, 「述而」

공자는 자최齊衰복을 입은 사람과 관을 쓰고 예복을 입은 사람과 장님을 보게 되면 나이가 비록 적더라도 반드시 일어나고, 그들을 지나갈 될 때는 반드시 빠른 걸음을 하였다.

子見齊衰者, 冕衣裳者, 與瞽者, 見之, 雖少必作 ; 過之, 必趨.

『論語』, 「子罕」

이것은 모두 연민과 동정이며 서로 돕는 덕德이 자연스럽게 표출된 것이다. 공자가 가장 아꼈던 제자는 안연顏淵이었다. 그러나 안연은 불행하게도 단명을 하였고 『논어』, 「선진」편에 그의 상사喪事에 관한 내용이 기재되어있다. 그 기록 중 공자의 말을 살펴보면 상례의 적절한 바른 태도를 알 수 있다.

안연이 죽자 공자께서 말하였다. "아! 하늘이 나를 버렸구나! 아! 하늘이 나를 버렸구나!"

顏淵死. 子曰 : "噫! 天喪予! 天喪予!"

안연이 죽자 선생님[공자]의 곡이 너무 지나치게 애통해 하자 그 종
자가 말하였다. "선생님께서 지나치게 애통해 하십니다." 공자께서
말하였다. "지나치게 애통해 하였느냐? 저 사람을 위해 애통해 하지
않고 누구를 위해 애통해 하겠느냐?"

顔淵死, 子哭之慟, 從者曰 : "子慟矣." 曰 : "有慟乎? 非夫人之爲慟,
而誰爲?"

안연이 죽자 그의 아버지 안로가 선생님[공자]의 수레를 팔아 곽槨을
마련하겠다고 청하자 공자께서 말하였다. "재주가 있거나 재주가 없
거나 역시 누구나 각각 그 아들을 들먹이게 된다. 내 아들 이鯉가
죽었을 때 관만 있고 곽은 없었다. 나는 수레를 팔아 도보로 걸으면
서 곽을 마련해야 하는 일은 하지 못했다. 이는 내가 대부의 뒤를
따르는 신분이기 때문에 도보로 걸을 수 없어서이다.

顔淵死, 顔路請子之車, 以爲之槨. 子曰 : "才不才, 亦各言其子也.
鯉也死, 有棺而無槨. 吾不徒行以爲之槨. 以吾從大夫之後, 不可徒
行也."

안연이 죽자 문인들이 후하게 장례를 치르려 하자 공자가 말하였다.
"안 된다." 그런데도 문인들이 후하게 장례를 치렀다. 그러자 공자께
서 말하였다. "안회는 나를 아버지처럼 여겼는데, 나는 자식처럼 대
할 수가 없구나. 이는 나의 잘못이 아니라 저 문인들 때문이다."

顔淵死, 門人欲厚葬之. 子曰 : "不可." 門人厚葬之. 子曰 : "回也,
視予猶父也, 予不得視猶子也. 非我也, 夫二三子也."

공자는 비록 안연의 죽음을 몹시 슬퍼하였으나 장례는 그 신분과
분수에 맞게 하는 것이 바로 예라고 말하고 있다. 「자한」편에서 공자

는 "삼으로 짠 관을 쓰는 것이 예이기는 하나, 지금은 생사로 짠 관을 쓰니 검소하다. 나는 여러 사람[時俗]이 하는 대로 따르겠다."32)고 하였다. 이 역시 '예는 사치하는 것 보다 차라리 검소해야 한다.'33)는 뜻이다. 이것이 바로 공자가 안연의 후장厚葬을 원치 않았던 이유이다.

공자가 병이 나자 자로가 문인으로 하여금 치상治喪할 가신家臣을 삼았다. 그런데 [공자가]병이 좀 호전되자 이를 알고 말하였다. "오래되었구나, 자로가 나를 속인 행위가! 가신이 없는 나의 신분에 가신을 두었으니 내 누구를 속였는가? 하늘을 속였구나! 또 내가 가신의 손에서 죽느니 차라리 너희들 손에서 죽는 것이 낫지 않겠는가? 또 내가 비록 큰 장례는 받지 못한다 하더라도 길에서 죽겠는가?'

子疾病, 子路使門人爲臣, 病間, 曰 : "久矣哉, 由之行詐也! 無臣而爲有臣, 吾誰欺? 欺天乎! 且予與其死於臣之手也, 無寧死於二三子之手乎? 且予縱不得大葬, 予死於道 路乎?"　　　　　『論語』「子罕」

상례 역시 분수에 지나치게 할 수 없는 것이다. 이 역시 공자가 중시한 부분이다.

3. 빈례賓禮

빈례는 서로 만나 인사를 나누는 예이다. 개인을 포함한 공사公私

---

32) "子曰 : '麻冕, 禮也 ; 今也純, 儉, 吾從衆.'" 『論語』, 「子罕」.
33) "林放問禮之本. 子曰 : '大哉問! 禮, 與其奢也, 寧儉 ; 喪, 與其易也, 寧戚.'" 『論語』, 「八佾」.

사무의 상견相見 및 중앙정부와 지방정부의 수장, 혹은 사절使節간의
조빙朝聘 왕래를 말한나.

> 군주가 불러 국빈을 접대하게 하면 낯빛을 긴장하며 발걸음을 조심
> 하였다. 서로 마주보며 읍을 하되 손을 좌우로 하고 옷의 앞뒤를 가
> 지런히 하였다. 빠른 걸음으로 나갈 때는 날개를 편 듯하였다. 손님
> 이 물러가면 반드시 복명하기를 "손님이 뒤 돌아보지 않고 잘 갔습니
> 다." 하였다.

> 君召使擯, 色勃如也, 足躩如也. 揖所與立, 左右手, 衣前後, 襜如
> 也. 趨進, 翼如也. 賓退, 必復命曰 : "賓不顧矣." 『論語』,「鄕黨」

제후끼리의 빙문聘問에 주국主國은 반드시 군주를 도와 의례儀禮를
담당하는 자가 있는데 이를 '빈擯'이라 한다. '발여勃如'는 엄숙하고 정
중한 태도이며 '곽여躩如'는 걸음이 바르면서 공경스러운 것이다. 공
자는 상대국의 빈擯에게 읍을 할 때 좌우의 사람들에게 잘 맞추고
의복도 단정히 하였다. '익여翼如'는 양손을 단정이 하여 팔을 벌린
것이 마치 날개를 편 듯이 하여 공경히 명命을 받드는 모습이다. 또
「향당」편에는 공자가 이웃 나라에 빙문聘問으로 파견된 내용이 기재
되어 있다.

> 규圭를 잡고 국궁을 할 때는 이기지 못하는 듯이 하였다. [규를 잡는
> 위치는]위로 올릴 때는 읍 하듯이 하고 아래로 내릴 때에는 남에게
> 주듯이 하였다. 낯빛은 긴장하여 두려워하듯이 하고 발걸음은 좁게
> 떼어 따르는 듯이 하였다. 향례에는 온화한 낯빛을 하고 사사로이
> 만나 볼 때는 더욱 온화한 모습이었다.

執圭, 鞠躬如也, 如不勝. 上如揖, 下如授. 勃如戰色, 足蹜蹜如有循.
享禮, 有容色. 私覿, 愉愉如也.　　　　　　　　　　　　『論語』,「鄕黨」

　군주가 이웃나라에 대부大夫를 빙문聘問으로 파견할 때는 반드시 옥
규玉圭를 잡고서 왕래를 한다. 공자는 옥규를 높이 받들 때는 마치
읍揖하듯 하고 낮추었을 때는 남에게 물건을 건네듯이 하였다. 안색은
엄숙하고 전전긍긍하듯이 하였다. '축축蹜蹜'은 협소한 지역을 지날 때
마치 일정한 길을 따라 걷는 것과 같은 모습이다. 예물을 바치거나
연례宴禮에 참가 할 때는 더욱 단정하고 온화한 안색을 하였다. 그리
고 개인 신분으로 이웃 국가의 군주를 상견 할 때는 안색을 더욱더
화평하게 하였다.
　이러한 내용은 모두 공자가 때와 장소에 따라 제각기 다른 용모와
태도를 취한 기록이다. 예컨대 거동·심리상태·정서·용모 등을 말
한다. 공자의 일거수일투족이 모두 중도中道를 따르고 예의禮儀에 의
거하여 행했다 말할 수 있다.

　　악사樂師 면冕이 [공자를]뵈러 와서 계단에 이르자 공자께서는 "계단
　　입니다."하였고, 자리에 이르자 "자리입니다."하였다. 자리에 다 앉
　　자 공자는 이렇게 말하였다. "아무개는 여기에 앉아있고, 아무개는
　　여기에 앉아 있습니다."하였다. 악사 면이 나가자 자장이 여쭈었다.
　　"악사와 말씀을 나눌 때의 도리 입니까?" 공자께서 말씀하셨다. "그
　　렇다, 진실로 악사를 돕는 도리이다."

　　師冕見, 及階, 子曰 : "階也." 及席, 子曰 : "席也." 皆坐, 子告之曰
　　: "某在斯, 某在斯." 師冕出, 子張問曰 : "與師言之道與?" 子曰 :
　　"然. 固相師之道也."　　　　　　　　　　　　　『論語』,「衛靈公」

이것은 특수한 빈객賓客을 접견하는 변통예절變通禮節이다. 고대 악사들은 모두 맹인이었다. 공자는 이들을 대할 때 언사言辭는 정중하고, 예우는 주도면밀하며, 태도는 정성스러운 것이 매우 감동적이다. 악사에게만 이러한 것이 아니라 우연히 만난 모든 맹인에 대해 이와 같이 하였다.

4. 군례軍禮

군례는 국가 간의 회동會同, 출사出師, 용병用兵 및 군비, 훈련, 국경 경비 등의 예절제도이다.

> 위나라 영공이 공자에게 진법陳法에 대해서 묻자, 공자는 이렇게 대답하였다. "조두(제사)에 관한 일이라면 일찍이 들은 바가 있지만, 군대에 관한 것은 아직 배우지 못하였습니다."하고는 다음날 바로 떠나버렸다.
>
> 衛靈公問陳於孔子. 孔子對曰 : "俎豆之事, 則嘗聞之矣 ; 軍旅之事, 未之學也." 明日遂行.　　　　　　　　　　　『論語』,「衛靈公」

공자는 왜 군사軍事에 대해 논하지 않았는가? 정현鄭玄에 의하면, "군려軍旅는 말단의 일이니 근본이 서지 않으면 말단의 일을 가르칠 수 없다"[34]고 하였다. 그렇다면 근본이란 무엇인가? 먼저 백성들을 교화하여 양육 할 수 있게 하고 군주를 존중하고 윗사람을 공경하는 의

---

34) 鄭玄曰 : "軍旅末事, 本末立, 不可敎以末事."

義를 알게 하는 것이다. 근본이 확립된 후 병사兵事를 익히는 것이니 사냥을 통해 무예를 강습하고 전쟁에 나가는 것이다. 그러므로 군려軍 旅가 말단이 되는 것이다.

> 공문자孔文子가 대숙질大叔疾을 공격하려 할 때 중니(공자)를 방문 하였다. 그러자 중니가 말하였다. "제사에 대해서는 배운 일이 있으나 군사의 일은 아직 깨우치지 못했습니다."하고 물러나와 수레에 말을 매라 명하고 떠나버렸다.
>
> 孔文子之將攻大叔也, 訪於仲尼. 仲尼曰 : "胡簋之事, 則嘗學之矣 ; 甲兵之事, 未之 聞也." 退, 命駕而行.　　　　『左傳』, 「哀公十一年」

　이 문장은 앞장의 내용과 서로 같다. 유향劉向이 신서新序에서 "위나 라 영공이 진법에 대해서 묻자 공자가 조두俎豆[제사를 말한 것은 병 兵을 경시하고 예禮를 중시한 것이다. 그러므로 『춘추』에 '나라를 잘 다스리는 자는 군사의 일을 하지 않는다.'라 하였다."[35]는 말을 하였 다. 이상을 통해 보면, 공자는 예의 근본을 중시하였고, 단지 군사軍事 에만 힘쓰는 사람을 경시하였음을 알 수 있다.

　그러나 공자는 결코 군사軍事를 배척한 것은 아니다. 백성들에게 근본을 먼저 가르쳐 군주를 존중하고 윗사람을 공경하는 의義를 알게 한 후 비로소 군사軍事를 교육할 수 있다고 생각한 것이다. 「자로」편 에 의하면,

---

35) "衛靈公問陳, 孔子言俎豆, 賤兵而重禮也. 故春秋曰 : '善爲國者不師.'" 『論語正 義』引, 『新序』, 「五昔」.

공자가 말하였다. "훌륭한 이가 백성을 칠 년 정도 가르치면 또한 싸움터에 나가게 할 수 있을 것이다."

子曰 : "善人教民七年, 亦可以卽戎矣." 　　　　『論語』, 「子路」

공자가 말하였다. "가르치지 않은 백성을 싸움터로 내모는 것 이를 일러 백성을 버리는 것이라 하는 것이다."

子曰 : "以不敎民戰, 是謂棄之." 　　　　『論語』, 「子路」

이상의 말은 바로 맹자가 말한 '백성을 가르치지 않고 전쟁에 내모는 것을 일러 백성을 재앙에 빠뜨리는 것이다'[36]는 말과 같은 의미이다.

공자께서 말하였다. "활쏘기에 과녁 뚫는 것을 주장하지 않는 것은 힘이 각각 동일하지 않기 때문이니 이것이 옛날 활 쏘는 도리이다."

子曰 : "射不主皮, 爲力不同科, 古之道也." 　　　　『論語』, 「八佾」

사부주피射不主皮는 향사례鄕射禮의 예문禮文이다. 예사禮射에서는 과녁 뚫는 것을 주장하지 않는다. 과녁을 맞히는 것이 능사가 아니기 때문이다. 읍양揖讓에 힘을 쓰고 예禮를 닦고 문文을 연마하는 것이 바로 유가儒家이다. 이를 통하여 힘[力]은 덕德이 되고, 무기는 옥백玉帛이 되어 병쟁兵爭의 결기로 승화되니 시서예악詩書禮樂의 교화로 인한 것이다.

---

36) "不敎民而用之, 謂之殃民." 『孟子』, 「告子下」.

5. 가례嘉禮

가례는 관례冠禮, 혼례婚禮, 음주례飮酒禮를 포함한 경하례慶賀禮와 사례射禮 등을 말한다. 그 예禮들에 관한 내용은 『논어』에서 종종 나타난다.

> 향인과 술을 마실 때에는 지팡이를 짚은 노인이 먼저 나가면 따라 나갔다.
>
> 鄕人飮酒, 杖者出, 斯出矣.　　　　　　　　　　　『論語』, 「鄕黨」

상문은 향인들과의 음연飮宴이 끝나고 지팡이를 짚은 노인이 먼저 나가면 비로소 공자가 그 뒤를 따라 나갔다는 내용이다. 또 공자는 고기를 먹더라도 밥보다 더하게 먹지는 않았으며 술은 취하지 않을 정도로 마셨다.

> 고기가 비록 많더라도 밥보다 더하게 먹지는 않았으며, 오직 술만은 일정한 양이 없었으나 어지러운 지경에는 이르지 않았다.
>
> 肉雖多, 不使勝食氣. 唯酒無量, 不及亂.　　　　　　『論語』, 「鄕黨」

그리고 밥을 먹을 때는 너무 많은 양을 입에 넣어 밥알이 떨어지지 않게 하고, 음료를 마실 때도 많은 양을 들이켜 입가에 흐르지 않게 하며, 이빨로 마른 고기를 끊어 먹지 말고 먼저 찢은 다음 먹어야 한다. 그래서 맹자는 다음과 같이 말하고 있다.

크게 밥을 먹거나 국물을 길게 들이키면서, 마른 고기를 이빨로 끊어 먹지 말라고 따져 묻는 것, 이것을 일러 급선무를 모른다고 말하는 것이다.

放飯流歠, 而問無齒決, 是之謂不知務.　　　　『孟子』, 「盡心上」

공자는 활쏘기에서 다음과 같이 말했다.

공자가 말하였다. "군자는 다투는 것이 없다. 꼭 그럴 경우라면 활쏘기[射禮]에서나 그럴까? [활쏘기에서]읍하고 [射臺로]올라가고, 내려와서는 [술을]마신다. 이런 다툼이 군자의 다툼이다."

子曰 : "君子, 無所爭. 必也射乎! 揖讓而升, 下而飮. 其爭也君子."

『論語』, 「八佾」

상문의 내용은 사례射禮를 통한 친목에서 서로 격려하는 의의를 설명한 것이다.

『논어』는 가례嘉禮중 혼례에 관한 내용이 제일 적다. 오맹자吳孟子를 말한 부분이 유일할 뿐이다.

진陳나라 사패司敗가 물었다. "소공昭公은 예를 압니까?" 공자께서 대답하였다. "예를 압니다." 공자가 물러나자 사패는 무마기巫馬期에게 읍揖하며 다가오도록 하면서 말하였다. "내 들으니 군자는 편당偏黨을 짓지 않는다 했는데 군자도 편당을 짓습니까? 소공은 오吳나라에서 부인을 맞았으며 그는 동성同姓인데 그 때문에 오맹자吳孟子라고 부르고 있으니 그러한 군주가 예를 안다면 누가 예를 알지 못한다 하겠습니까?" 무마기가 이것을 공자에게 아뢰자 공자께서 말하였다. "나는 행운이 있는 자이다. 만약 [나에게]잘못이 있으면 남들이 반드시 알아차리는구나!"

陳司敗問 : "昭公知禮乎?" 孔子曰 : "知禮." 孔子退. 揖巫馬期而進之, 曰 : "吾聞君子不黨, 君子亦黨乎? 君取於吳, 爲同姓, 謂之吳孟子. 君而知禮, 孰不知禮?" 巫馬期以告. 子曰 : "丘也幸, 苟有過, 人必知之."

『論語』, 「述而」

주례周禮상 동성同姓은 결혼을 할 수 없다. 그런데 소공은 오희吳姬를 오맹자라 칭하였으니 공자가 이를 비판한 것이다. 『예기』를 살펴보면 그 예법은 더 상세하다.

공자가 말하였다 : "아내를 들일 때는 동성同姓인 여자를 들이지 않으니, 이를 통해 남녀유별의 예를 두텁게 한다. 그러므로 첩을 들일 때 만약 그녀의 성을 알 수 없다면 길흉을 판별하기 위해 거북점을 친다."

子云 : "取妻不取於同姓, 以厚別也, 故買妾不知其姓, 則卜之."

『禮記』, 「坊記」

[영원이 제천遞遷되지 않는 대종大宗이 있어서]족인들을 통합 할 때 성姓을 통해서 하여, 구별을 두지 않고, 그들을 음식에 대한 예법으로 회합을 시켜서, 차이를 두지 않으니 비록 100세가 지나더라도, 혼인을 할 수 없다. 이것은 주周나라의 도道에서 이처럼 만든 것이다.

繫之以姓而弗別, 綴之以食而弗殊, 雖百世而昏姻不通者, 周道然也.

『禮記』, 「大傳」

동성同姓끼리 통혼 할 수 없는 것은 주대周代 종법宗法사회의 중요
한 원칙이다.

제 5 장

공자예학의 운용

제1절

학술교육의 중심

공자의 주요 사상은 도덕사상道德思想이다. 이 도덕이 교육에 적용되어서는 그의 교육사상이 되었다. 교육은 일반적으로 지식교육과 도덕교육으로 분류 할 수 있다. 공자는 제자들을 교육하면서 지식교육 이외에 도덕교육을 특별히 강조하였다. 『논어』, 「술이」편에서 공자는 다음과 같이 말하였다.

　　공자가 말하였다. "도道에 뜻을 두고, 덕德에 근거로 하며, 인仁에 의지 하며, 예藝에 노닐어야 한다."
　　子曰 : "志於道, 據於德, 依於仁, 遊於藝."

상문의 지도志道 · 거덕據德 · 의인依仁 · 유예遊藝 이 네 가지 중 유예遊藝를 제외한 그 나머지는 모두 도덕실천 방면에 속한다. 그러므로 공자의 교육사상은 도덕사상의 연장이라 할 수 있다. 공자의 교육목적은 도덕을 배양하는 이상인격에 두었기 때문에 도덕수양의 인격교육이라 말할 수 있다.

예禮는 개인의 인격을 배양하는 중요한 근거가 된다. 그러므로 공자
는 더 더욱 중시하였다.

> 공자께서 평소 아언雅言[표준어]으로 하시는 말은 '시'·'서'·'예를 집
> 전' 할 때 모두 아언으로 하였다.
>
> 子所雅言, 詩, 書, 執禮, 皆雅言也.   『論語』, 「述而」

또, 『사기』, 「공자세가」에 기재되어 있는 부분을 살펴보면,

> 공자께서는 시·서·예·악으로 제자들을 교육하였다.
>
> 孔子以詩, 書, 禮, 樂, 教弟子.

이상에서 알 수 있듯이 예禮는 공자 학술교육의 중심이며 교육에
있어서 중요한 위치를 차지하고 있다.

예禮 교육은 의문儀文의 전수에 있다. 이는 대개 두 방면으로 나누
어 볼 수 있다. 첫째는 귀족들의 교제交際 중 예모禮貌와 의절儀節이
다. 둘째는 귀족의 관혼상제冠婚喪祭 등 예의禮儀이다. 이러한 의문儀
文의 학습은 사람의 외재적 언행을 제약制約할 뿐만 아니라 사회질서
를 개선할 수 있다. 더욱 중요한 것은 공자는 예禮 학습을 통해 사람의
도덕행위를 배양하여 완전한 인격을 이루고자 하였다. 예禮 교육의
핵심은 사람의 덕성德性을 완성하여 사회에 당당히 자립하고 외재적
사물의 동요를 받지 않게 하는 데 있다[37]. '입立'은 공자가 상당히 중시
한 부분이다.

공자가 말하였다. "명命을 알지 못하면 군자가 될 수 없으며, 예를 알지 못하면 설 수 없으며, 말을 알지 못하면 사람을 알 수 없다."

子曰 : "不知命, 無以爲君子也 ; 不知禮, 無以立也 ; 不知言, 無以
知人也."
　　　　　　　　　　　　　　　　　　　　　『論語』, 「堯曰」

진항陳亢이 백어伯魚에게 물었다. "그대는 (공자에게서)특이한 것을 들은 것이 있는가?" 백어가 대답하였다. "없습니다. (아버지께서)홀로 서 계실 때에 내가 빠른 걸음으로 마당을 지나려하자 '시를 배웠느냐?' 물으시기에 '아직 배우지 못했습니다.' 하였습니다. 그러자 '시를 배우지 않으면 말을 할 수 없다.'하셨습니다. 그래서 나는 물러나 시를 배웠습니다. 다른 날에 또 홀로 서 계실 때에 내가 빠른 걸음으로 마당을 지나려 하자 '예를 배웠느냐?' 물으시기에 '아직 배우지 못했습니다.' 하였습니다. 그러자 '예를 배우지 않으면 설 수가 없다.' 하셨습니다. 그래서 나는 물러나 예를 배웠습니다. 이 두 가지를 들은 것뿐입니다." 진항이 물러나 기뻐하며 말하였다. "하나를 물어 세 가지를 얻었다. 시를 듣고 예를 들었으며 또한 군자가 그 아들을 멀리함을 들었다."

陳亢問於伯魚曰 : "子亦有異聞乎?" 對曰 : "未也. 嘗獨立, 鯉趨而
過庭, 曰 : '學詩乎?' 對曰 : '未也.' '不學詩, 無以言!' 鯉退而學詩.
他日又獨立. 鯉趨而過庭, 曰 : '學禮乎?' 對曰 : '未也.' '不學禮,
無以立!' 鯉退而學禮. 聞斯二者." 陳亢退而喜曰 : "問一得三, 聞詩,
聞禮, 又聞君子之遠其子也."
　　　　　　　　　　　　　　　　　　　　　『論語』, 「季氏」

---

37) "禮以恭敬辭遜爲本, 而有節文度數之詳, 可以固人肌膚之會, 筋骸之束. 故學者
之中, 所以能卓然自立, 而不爲事物之所搖奪者, 必於此而得之" '立於禮'의 朱子
註. (『論語』, 「泰伯」)

공자는 선왕先王의 시서예악詩書禮樂의 가르침을 계승하였다. 그러므로 시詩와 예禮 배우는 것을 입신 처세의 근본으로 삼았다. 그렇기 때문에 아들 백어伯魚에게 '不學詩, 無以言! ……, 不學禮, 無以立!'이라고 가르친 것이다. 시를 배우면 사리에 통달 해져서 심기心氣가 화평해지고 초목草木, 충어蟲魚, 조수鳥獸등 사물에 박식해 말을 잘할 수 있다. 그리고 예를 배우면 품행과 절도에 자세하고 밝아져서 읍양진퇴揖讓進退의 덕성을 체득 할 수 있어 바르게 설 수 있는 것이다.

공자가 말하였다. "시詩에서 흥기하고, 예禮에서 서며, 악樂에서 완성한다."

子曰 : "興於詩, 立於禮, 成於樂." 　　　　　『論語』, 「泰伯」

공자의 교육은 '예교禮敎'이다. 그러므로 인간의 시청언동視聽言動을 예禮의 범주에 융합시켜 사회에 당당히 설 수 있는 사람이 되게 하는 것이다. 그렇기 때문에 '立於禮'라고 한 것이다. 『논어』, 「옹야」편의 기록을 보면,

공자가 말하였다. "군자가 문文에 대하여 박학하고, 이를 예禮로서 요약[제어] 한다면 역시 도道에 어긋나지 않게 될 것이다."

子曰 : "君子博學於文, 約之以禮, 亦可以不畔矣夫!"

전적典籍을 두루 섭력하면 성현聖賢의 언행을 많이 알 수 있다. 그러나 단지 박문博文만 하고 예禮로서 자신을 제어 할 수 없다면, 지식에만 함몰되어 실천 할 수 없게 될 것이다. 그러므로 박문약례博文約禮할

수 있다면 군자의 인격을 더욱 배양시킬 수 있을 것이다.

> 자로가 성인[완성된 사람]에 대하여 묻자, 공자께서 말하였다. "장무중藏武仲의 지혜와 공작公綽의 욕심 없음, 변장자卞藏子의 용기, 염구冉求의 재주에 예악으로 문채를 낸다면 이 역시 완성된 사람이라 할 수 있을 것이다."

> 子路問成人. 子曰 : "若藏武仲之知, 公綽之不欲, 卞藏子之勇, 冉求之藝 ; 文之以禮樂, 亦可以爲成人矣!"　　　　　　『論語』,「憲問」

상문의 주자朱子 주註를 살펴보면 다음과 같다.

> 이 네 사람의 장점을 겸하면 지혜는 이치를 연구 할 수 있고, 청렴은 마음을 수양할 수 있고, 용기는 힘써 행 할 수 있고, 재예才藝는 두루 응용 할 수 있으며 또 예禮로써 절제[제어]하고, 악樂으로써 화和[조화롭게]하여 안으로는 덕德이 이루어지고, 밖으로 문文[문채]이 드러나게 한다면, 재주가 완전하고 덕이 갖추어져서, ……, 그러나 역亦의 말뜻은 지극히 그렇다는 것은 아니다.

> 言兼此四子之長, 則知足以窮理, 廉足以養心, 勇足以力行, 藝足以泛應, 而又節之以 禮, 和之以樂, 使德成於內, 而文見乎外, 則材全德備, ……, 然亦之爲言, 非其至者.

라고 하였다. 그러므로 이 네 사람의 장점을 합하여 한 사람이 되기 위해서는 예악禮樂의 도야陶冶가 필요하다. 예악禮樂이 바로 인격을 완성하는 최후의 수양 노력임을 상문이 증명해 주고 있다. 그렇기 때문에 『예기』에서 "예와 음악을 모두 터득한 것을 덕德이 있다고 말하는 것이다."38)라고 하였다.

　예禮는 인격을 배양하는데 필수적이다. 그러므로 공자 자신은 예禮를 아는[知禮]것과 예禮를 중시하는[重禮]것에 머물지 않았기 때문에 일상생활의 언행言行 속에서도 예禮에 맞지 않는 경우가 없었다. 그리고 제자들의 행위에 전범典範이 되어 실천교육[身敎]39)을 달성하는 작용도 하였다. 『논어』, 「향당」편에 기재된 내용을 보면 공자 평소생활의 의범儀範을 대략 알 수 있다.

　　공자는 향당에 있을 때에는 신실信實하여 마치 말을 하지 못하는 듯
　　이 하였다. 그러나 종묘와 조정에 있을 때는 말을 유창하게 하였으나
　　다만 삼가 할 따름이었다.

　　孔子於鄕黨, 恂恂如也, 似不能言者. 其在宗廟朝廷, 便便言, 有謹爾.

　　규圭를 잡고 국궁鞠躬을 할 때는 이기지 못하는 듯이 하였다. [규를
　　잡는 위치는] 위로 올릴 때는 읍하듯이 하고 아래로 내릴 때에는 남
　　에게 주듯이 하였다. 낯빛은 긴장하여 두려워하듯이 하고 발걸음은
　　좁게 떼어 따르는 듯이 하였다. 향례亨禮에는 온화한 낯빛을 하고
　　사사로이 만나 볼 때는 더욱 온화한 모습이었다.

　　執圭, 鞠躬如也, 如不勝, 上如揖 ; 下如授. 勃如戰色 ; 足蹜蹜如有
　　循. 亨禮, 有容色. 私覿, 愉愉如也.

---

38) "禮樂皆得, 謂之有德." 『禮記』, 「樂記」.
39) 공자의 敎學중에서 최고 중시 되는 것이 바로'身敎'이다. 『論語』, 「子路」편에서 "其身正, 不令而行 ; 其身不正, 雖令不從.", 또 말하기를 "苟正其身, 於從政乎何 有? 不能正其身, 如正人何?"(同上)이라 하였다. 이 두 문장은 비록 爲政者의 태도를 말 한 것이지만 敎育에 있었어도 이와 같을 것이다.

식사 중에는 말을 하지 않았으며, 잠자면서는 말을 하지 않았다. 비록 거친 밥과 나물국일지라도 과제瓜祭를 지냈으며 반드시 재계할 때처럼 하였다.

食不言. 寢不言. 雖疏食菜羹, 瓜祭, 必齊如也.

향인과 술을 마실 때에는 지팡이를 짚은 노인이 먼저 나가면 따라 나갔다. 향인의 나례儺禮[40]에는 조복을 입고 동쪽 계단에 섰다.

鄕人飮酒, 杖者出, 斯出矣. 鄕人儺, 朝服而立於阼階.

군주가 음식을 내리면 반드시 자리를 바르게 하고 먼저 맛을 보았으며, 군주가 날고기를 내리면 반드시 익혀 조상께 올렸다. 군주가 살아 있는 것을 내리면 반드시 길렀다. 군주를 모시고 식사할 경우에는 반드시 군주가 제祭를 행할 때 먼저 맛을 보았다.

君賜食, 必正席先嘗之. 君賜腥, 必熟而薦之. 君賜生, 必畜之. 侍食於君, 君祭先飯.

이상에서 알 수 있듯이 공자는 일상생활 속에서 사람과 사물을 접할 때 모두 예禮에 일치되게 행동하였다. 그러므로 예禮 교육에 있어서는 자신에게서 출발하여 솔선수범하고 자신을 준칙으로 삼아 제자들을 이끌어 교화의 목적을 달성하였다.

공자는 교육의 가치를 중시하였다. 따라서 사람은 누구나 교육을 받을 권리가 있다고 하였다.

---

40) 음력 섣달그믐날 밤에 궁중이나 민가에서 악귀惡鬼를 쫓기 위하여 베푸는 의식.

공자께서 말하였다. "가르침에는 차별이 없다."

子曰 : "有敎無類."   『論語』, 「衛靈公」

　상문의 뜻은 빈부와 귀천, 지자智者와 우자愚者를 분별하지 않고 배
우고자 하는 이들에게 모두 사람의 도리를 가르쳤다는 말이다. 이러한
공자의 교육관은 전대前代 왕관제도王官制度의 교육을 타파하고 사인
私人 강학講學의 풍을 개척하였다[41]. 공자는 교육에 있어서 '有敎無類'
를 강조 했을 뿐만 아니라 예禮를 교학의 필수 내용으로 삼았다. 예禮
를 더 이상 귀족의 전용물로만 여기지 않고 사람마다 모두 예禮에 의
거하여 행동하도록 하였다. 그러므로 공자 예학교육禮學敎育의 의의는
곧 봉건사회의 예禮를 사회 속의 일반 개인에게로 보급 전환하여 개인
도덕수양의 준승準繩으로 삼은 데에 있다. 아울러 덕德으로써 사람의
가치를 인정하는 새로운 사회표준을 건립했을 뿐만 아니라 예禮를 학
술교육의 중심으로 삼았다.

---

41) 공자 이전의 교육 제도는 곧 官師合一 이였다. 圖書典籍은 모두 官府에 소장되
　　어 있었고 교육의 대권은 王官이 관할하였다. 그러므로 귀족의 자제가 아니면
　　교육을 받을 권리가 없었다. 그러나 공자 때에 이르러 이러한 王官制度가
　　타파되고 노나라에서는 학교를 설립하여 교육을 흥행시켰으며 私人 講學의
　　풍기도 일어났다. 王熙元, 『論語通釋』, 臺灣, 學生書局, 1988, p.982.

제2절

사회질서 유지의 근간

윤리倫理는 인륜人倫이라고 말할 수 있다. 사람과 사람간의 상생의 도道, 즉 사람의 도리道理를 지칭한다. 인륜이 사람과 사람 간의 사회적 관계를 표현하는 것이라면 그 미치는 범위는 시대의 변천에 따라 변화가 있을 수 있다. 공자사상 중 인륜관계는 군신君臣 · 부자父子 · 부부夫婦 · 장유長幼 · 붕우朋友등 이 다섯 가지 관계를 의미하는데, 모두 예禮로써 그 행위의 표준으로 삼았다. 그러므로 인륜사상은 예학사상의 확장이라 말할 수 있다.

예학교육은 인륜의 기초이며 사회는 인륜의 완성이다. 그러므로 공자의 예학사상은 교육에서 출발하여 사회에 이르러 '지선至善'의 경계에 도달하는 것이다. 사회의 여러 관계 중에 공자는 먼저 영수領袖와 부속部屬의 관계를 중시하였다.

공자 시대의 영수는 '군君'이며 그 부속은 '신臣'이다. 이른바 '君'은 단체와 사회 속에서 대중을 영도領導하고 통치 관리하는 권력자이며,

'臣'은 곧 관리官吏이며 속관屬官이다. 춘추시대 천자와 제후의 관계로 말하자면, 천자는 군이며 제후는 신이 되고, 제후와 대부大夫·사士의 관계로 말하면, 제후는 군이며 대부·사는 신이 된다. 그리고 대부· 사와 민民의 관계로 말하면 대부·사는 군이 되고 민은 신이 된다. 즉 이러한 군신君臣관계는 신민臣民관계를 포함하며 결코 통치 계층의 군신君臣관계만을 지칭하는 것은 아니다.

군과 신은 비록 종속관계이기는 하지만 군신관계를 원만히 하기 위해서는 군주 된 자는 반드시 우선적으로 수기修己의 노력을 다하여야 신하의 경애敬愛를 받을 수 있는 것이다. 『논어』, 「위정」편을 살펴보면,

> 개강자가 물었다. "백성들로 하여금 공경하고 충성하게하며, 권면하게 하려면 어찌하면 되겠습니까?" 공자께서 말하였다. "[백성들에게] 장엄함으로 임하면 공경하게 되고, 효도하고 자애로움으로 하면 [백성들이]충성하고, 잘하는 이를 들여 쓰고 잘 못하는 자를 가르치면 권면하게 될 것입니다."
>
> 季康子問 : "使民敬忠以勸, 子如之何?", 子曰 : "臨之以莊, 則敬 ; 孝慈則忠 ; 舉善而敎不能則勸."

군주의 도道는 반드시 먼저 도덕으로써 수신修身하여 백성을 대할 때 장엄莊嚴과 효孝와 사랑을 다하고, 또 잘하는 이를 들어 쓰고 잘못하는 이를 가르치면 신민臣民들은 반드시 윗사람을 공경하고 충성을 다할 수 있다. 그러나 장莊·효孝·자慈등의 덕행德行은 반드시 예禮를 빌려 표현 하고 절제 되어야 하므로 군주는 더욱 예禮로써 수신修身하고 신민臣民을 대해야 한다.

번지가 농사짓는 일 배우기를 청하였다. ……, 공자께서 말하였다. "소인이구나! 번쉬[번지]여! 윗사람이 예禮를 좋아하면 백성들이 감히 공경하지 않을 자가 없고, 윗사람이 의義를 좋아하면 백성들이 감히 복종하지 않을 자가 없고, 윗사람이 믿음을 좋아하면 백성들이 감히 성실하지 않을 자가 없을 것이다. 이렇게 한다면 사방의 백성들이 자식을 강보에 싸고 업고 올 것이니 어찌 농사짓는 것을 쓸 필요가 있겠는가?"

樊遲請學稼. ……子曰 : "小人哉! 樊須也! 上好禮, 則民莫敢不敬. 上好義, 則民莫敢不服 ; 上好信, 則民莫敢不用情. 夫如是, 則四方 之民, 襁負其子而至矣! 焉用稼?"　　　　　　　　　『論語』, 「子路」

그러므로 위정자爲政者가 예禮로써 수신修身하고 신민臣民을 대할 수 있다면 신민臣民의 경애敬愛를 받을 수 있을 것이다. 그러면, 신하 는 군주를 어떻게 섬겨야 하는가? 공자는 다음과 같이 말하였다.

이른바 대신이란 도道로서 군주를 섬기다가 불가능하면 그만 두는 것이다.

所謂大臣者, 以道事君, 不可則止. …….　　　　　　　　　『論語』, 「先進」

상문의 '도道'는 이른바 군주를 섬기는데 충성忠誠을 다하고 공경恭 敬을 다하며 자신을 바치는 것이다[42]. 그러나 경敬과 충忠은 무조건

---

42) 『論語』, 「公冶長」편에서 "子張問曰 : '令尹文子, 三仕爲令尹, 無喜色 ; 三已之, 無慍色. 舊令尹之政, 必以告新令尹, 如何? 子曰 : '忠矣!'"라 하였고, 또 공자는 "事君, 敬其事而後其食."(『論語』, 「衛靈公」)이라 하였다. 그리고 공자는 子産을 평하면서 "其事上也敬."(『論語』, 「公冶長」)이라고 하였으며, 子夏의 경우는 "事

군주의 뜻에 순종하는 것이 아니라 군주에게 잘못이 있을 경우 간언諫言 해야 한다.

> 자로子路가 군주 섬기는 것을 묻자, 공자께서 대답하였다. "속임이 없도록 하고 간쟁하여야 한다."
>
> 子路問事君. 子曰 : "勿欺也, 而犯之." 『論語』, 「憲問」

군주를 충성忠誠을 다하여 섬기는 데 복종服從 외에도 마땅히 간언諫言을 하여야 한다. 간언을 할 때는 분수를 지키며 예禮에 의거하여야 한다. 공자는 다음과 같이 말하고 있다.

> 공자가 말하였다. "군주를 섬기는데 예禮를 다하였더니 남들이 아첨하는 것이라 여기는구나."
>
> 子曰 : "事君盡禮, 人以爲諂也." 『論語』, 「八佾」

예禮를 다하는 것과 아첨하는 것은 표면상 비슷하나 그 실상은 같지 않다. 예禮를 다하는 것은 사람이 당연히 해야 할 행위이며, 아첨은 사람으로서 하지 말아야 하는 것이다. 공자의 예禮는 이른바 의義를 행하는 것이기에 예禮를 다한다는 것은 의義를 다한다는 것이다. 즉 의義의 당위當爲를 외부로 표현하는 것이다. 그러므로 군주에게 예禮를 다하여 섬기는 신하는 오직 의義만 있다면, 전력을 다해 간諫하는 것을 아끼지 않는다. 그러나 아첨의 경우, 자신의 사사로운 이익을 위

君, 能致其身."(『論語』, 「學而」)이라 하였다. 이상에서 알 수 있듯이 군주를 섬기는 데는 忠·敬이 主가 됨을 알 수 있다.

해 비위를 맞추는 것이므로 결코 도의道義의 존재가 없다. 그러므로 예禮를 다하여 군주를 섬기는 것은 신하된 자가 마땅히 해야 할 직무이며 책임이다.

붕우朋友 관계 역시 공자는 중시하였다. 『논어』에 나타나는 '朋'·'友' 혹은 '朋友'의 뜻은 모두 유사한 의미이다. 즉 함께 학문하는 사람을 의미한다. 그러므로 붕우의 도道는 서로 절차탁마切磋琢磨하고 서로 책선責善하며 서로의 행위가 도의道義에 합치되고 예禮에 일치되게 하는 것이다. 반면 붕우지간이 만약 도道로써 서로 권면勸勉할 수 없고 단지 겉만 추구하고 아첨하며 교묘하게 꾸며 된다면 붕우관계는 유지되기 어렵다43). 붕우관계가 양호한 관계로 발전되기 위해서는 반드시 믿음과 진실[信實]로써 대하여야 한다. '신信'은 입신立身의 근본이 된다. 공자는 일찍이 "사람으로서 믿음이 없다면 그 가可한 것이 무엇인지를 알지 못한다."고 하였다.44) 그러므로 사람의 입신처세立身處世는 믿음과 진실[信實]을 강구하지 않을 수 없다. 믿음은 곧 언행이 서로 부합되고 일치 되는 것이다. 따라서 인간관계에 있어서 언행일치言行一致는 더욱 긴요한 것이며 언약을 성실이 지켜야 비로소 남에게 신임信任과 경애敬愛를 받을 수 있다. 그러므로 공자는 '신信'은 붕우관계의 아름다운 표현이라 여겼다.

안연顔淵과 계로季路가 공자를 모시고 있었는데, 공자께서 말하였다.

---

43) 『論語』, 「顏淵」편에서 "子貢問友. 子曰 : '忠告而善道之, 不可則止, 無自辱焉.'" 이라 하였다. 또 공자는 "益者三友, 損者三友. 友直, 友諒, 友多聞, 益矣. 友便辟, 友善柔, 友便佞, 損矣."(『論語』, 「季氏」)라고 하였다. 그러므로 朋友 관계는 당연히 道義로써 서로 맺어져야 한다.
44) "子曰 : '人而無信, 不知其可也.'" 『論語』, 「爲政」.

"어찌 각각 너희들의 뜻을 말하지 않는가?" 자로가 말하였다. "수레와 말 그리고 가벼운 가죽옷을 친구와 함께 쓰면서 닳아 해지더라도 원망이 없기를 바랍니다." 안연이 말하였다. "잘한 것을 자랑하지 아니하고, 공로를 과장함이 없기를 바랍니다." 자로가 말하였다. "선생님의 뜻을 듣고 싶습니다." 공자께서 말하였다. "늙은이를 편하게 해주고 친구에게는 믿음을 주고 젊은이는 감싸주고자 한다."

顏淵·季路侍. 子曰 : "盍各言爾志?" 子路曰 : "願車馬衣輕裘, 與朋友共, 敝之而無憾." 顏淵曰 : "願無伐善, 無施勞." 子路曰 : "願聞子志." 子曰 : "老者安之, 朋友信之, 少者懷之." 『論語』, 「公冶長」

상문에 의하면 공자가 지향志向하는 것 중 하나가 바로 붕우관계를 '신信'으로써 대하는 것이며, 이 '신信'은 대인관계와 처세處世에 중요한 요건임을 알 수 있다.

신信은 비록 붕우간의 미덕이나, 범사凡事를 신信으로만 해결할 수는 없다. 이 신信의 실천은 반드시 예禮와 의義에 의거하여야 하며 예禮와 의義에 부합될 때 비로소 올바른 신信이 될 수 있다. 또 공자는 다음과 같이 말하였다.

믿음만 좋아하고 배우기를 좋아하지 않으면 그 폐단은 해적害賊으로 나타난다.

好信不好學, 其蔽也賊. 『論語』, 「陽貨」

상문의 주자朱子 주註에 의하면 "적은 사물에 상해가 되는 것이다. [賊, 爲傷害於物.]"라고 하였다. 이 뜻은 사람이 단지 언약 지키는 것만을 좋아하고 배우지를 않는다면, 도의道義를 고려하지 않게 되어 자신은 물론 남까지 해로움을 끼치게 된다는 것이다. 믿음만으로는 범사凡事에 대처할 수는 없다. 학문을 통해 예禮와 의의義의 소재所在를 알아야 한다. 그러므로 예禮는 신信의 실천적 근간이 되며 붕우 관계의 지표가 되는 것이다.

사회는 사람과 사람이 일상생활 속에서 각종 도덕 행위를 행하는 장소이며, 예禮는 도덕 행위의 구체적인 표현이다. 그 주요한 효용은 사회질서를 유지하는 것 외에도 개인의 도덕을 배양하는 역할도 한다. 그러므로 공자는 예禮의 교화를 극히 중시하였으며 예禮와 사람의 도덕정감道德情感이 표리가 되게 하였을 뿐만 아니라, 예禮를 도덕을 성취하는 중요한 근저로 여겼다. 예禮는 개인의 수신修身 작용을 구비하고 있으므로 완전한 인격을 만들어 사회에 자립케 한다. 또한 자신을 수양하는 목표는 '平天下'에 있기 때문에 사회의 질서를 유지할 수 있게 한다. 그러므로 예禮의 최종 목표는 개인으로부터 군주에 이르기까지 사회 질서를 유지하는데 있다.

제3절

정치 행위의 지표

　공자의 사상은 도덕을 그 기초로 하는데, 정치에 적용된 이후에는 정치철학이 되었다. 그러므로 공자의 정치사상 역시 도덕사상의 연장이라 말할 수 있다. 공자의 도덕사상은 인仁·의義·예禮가 그 근본이 되는데, 정치에 이를 실행해 이상적 경지를 이루고자 하였다. 공자의 정치사상인 덕치德治가 최종 목표가 되는 것 외에 예치禮治 역시 필요한 수단이 된다. 따라서 덕치德治와 예치禮治는 서로 보완관계에 있다. 공자는 다음과 같이 말하고 있다.

　　공자가 말하였다. "[백성을]인도하기를 정령政令으로 하고, 형벌로 정연整然하게 하면 백성들이 형벌은 면할 수 있으나 부끄러워함은 없을 것이다. [그러나]덕으로써 인도하고 예로써 정연되게 한다면 부끄러워함이 있어 [목적한 바에]이르게 될것이다."

　　子曰 : "道之以政, 齊之以刑, 民免而無恥. 道之以德, 齊之以禮, 有恥且格." 　　　　　　　　　　　　　　　　　　　『論語』, 「爲政

하안何晏은 『논어집해論語集解』에서 '格'을 '正'으로 해석 하였다. 그 뜻은 백성을 정령政令과 법제法制로써 인도하여도 따르지 않는 자는 형벌로써 다스리면, 백성들은 형벌은 면할 수 있으나 부끄러워하는 바가 없다는 것이다. 그리고 덕德으로써 백성을 인도하고 예禮로써 다 스리면, 백성들 스스로가 죄악의 부끄러움을 알아서 바름[正]으로 돌 아간다는 것이다. 상문의 '道之以德'이 이른바 '爲政以德'45)인 셈이다. 공자의 일관된 주장은 백성을 다스리는데 형벌에만 의존할 것이 아니 라 덕행德行과 예제禮制 상의 감화感化와 규범을 중시하였다. 공자가 중시한 바의 정치방법은 덕德과 예禮이다. 그러면 어떻게 하여야 백성 들이 부끄러워함이 있고, 또 바름正의 경지에 이르게[有恥且格] 할 수 있는가? 그것은 공자가 우리에게 일러주고 있는 '齊之以禮, 有恥且格' 이 바로 그것이다.

이상을 미루어 보면, 공자의 정치사상은 결국 예치주의禮治主義 임 을 우리는 추론 할 수 있다. 바꾸어 말하자면 곧 '덕치德治'이며, '齊之 以禮'는 바로 '예치禮治'가 된다. 그러므로 공자는 다음과 같이 말하고 있다.

공자가 말하였다. "예와 겸양으로써 나라를 다스릴 수 있다면 무슨 어려움이 있겠는가? 예와 겸양으로써 나라를 다스릴 수 없다면 예를 어디에 쓰겠느냐?"

子曰 : "能以禮讓爲國乎, 何有? 不能以禮讓爲國, 如禮何?"

『論語』, 「里仁」

---

45) "子曰 : '爲政以德, 譬如北辰居其所, 而衆星共之.'" 『論語』, 「爲政」.

그러므로 예교禮敎를 숭상하며 예로써 국가를 다스리고 백성을 교화할 수 있다면 어려운 문제가 없다는 것이다.

예禮는 원래 선성先聖과 선왕先王이 남겨 준 문물제도이다. 그러므로 공자는 주周 초기에 세상을 잘 다스릴 수 있었던 원인이 예禮 때문이라고 생각하였다. 주례周禮의 효율적인 확립과 백성들의 권리와 의무를 규범화 하여 모두가 예제禮制를 엄격히 준수할 수 있게 한 것이다. 그러나 공자시대에 이르러 당시 종법제도宗法制度는 쇠퇴하고 봉건제도封建制度는 붕괴되고, 정치와 윤리는 분란의 현상으로 치닫게 되자 공자는 탄식을 금할 수 없었다.

> 공자가 말하였다. "천하에 도道가 있으면 예악禮樂과 정벌征伐이 천자로부터 나오고, 천하에 도가 없으면 예악과 정벌이 제후諸侯로부터 나온다. 제후로부터 나오면 대체로 십세十世에 [정권을]잃지 않는 자가 드물고, 대부로부터 나오면 오세五世에 잃지 않는 자가 드물 것이다. 배신陪臣이 나라의 운명을 잡게 된다면 삼세三世에 잃지 않는 자가 드물 것이다. 천하에 도가 있으면 정사政事가 대부에게 있지 않고, 천하에 도가 있으면 서민들은 [정치에 대해]사사로이 의논하지 않을 것이다."

> 孔子曰 : "天下有道, 則禮樂征伐自天子出. 天下無道, 則禮樂征伐自諸侯出. 自諸侯出, 蓋十世希不失矣. 自大夫出, 五世希不失矣. 陪臣執國命, 三世希不失矣. 天下有道, 則政不在大夫. 天下有道, 則庶人不議."
>
> 『論語』, 「季氏」

공자의 예치禮治는 주대周代 예제禮制를 회복하는데 그 목적이 있다. 예禮를 회복하고 주周나라를 승계하려면, '정명正名'이 바로 정치이상을 실현하는 구체적인 주장이 된다.

자로子路가 물었다. "위나라 군주가 선생님을 모시고 정치를 하고자 합니다. 선생님께서는 무엇부터 하시겠습니까?" 공자께서 말하였다. "반드시 하라면 명분부터 바로 잡겠다." 자로가 말하였다. "그런 것이 있네요. 선생님은 우활迂闊하십니다. 어떻게 바르게 할 수 있겠습니까?" 공자께서 말하였다. "비속하다 유由야! 군자는 모르는 것이 있으면 말하지 않고 가만히 있는 것이다. 명분이 바르지 못하면 말이 순하지 못하고, 말이 순하지 못하면 일이 이루어지지 못하며, 일이 이루어지지 못하면 예악禮樂이 일어나지 못하고, 예악이 일어나지 못하면 형벌刑罰이 정확하지 못하고, 형벌이 정확하지 못하면 백성들이 손발을 둘 곳이 없게 될 것이다. 그러므로 군자는 명분을 정하면 반드시 그에 맞는 말이 있게 되고, 말하면 반드시 그에 맞는 실행이 있게 되는 것이다. [그렇게 되어야]군자가 그 말에 대해 구차함이 없게 되는 것이다."

子路曰 : "衛君待子而爲政, 子將奚先?" 子曰 : "必也正名乎?" 子路曰 : "有是哉! 子之迂也. 奚其正?" 子曰 : "野哉, 由也! 君子於其所不知, 蓋闕如也. 名不正, 則言不順, 言不順, 則事不成, 事不成, 則禮樂不興, 禮樂不興, 則刑罰不中, 刑罰不中, 則民無所措手足. 故君子名之, 必可言也 ; 言之必可行也. 君子於其言, 無所苟而已矣!"

『論語』, 「子路」

이처럼 공자는 '정명正名'을 시정施政의 급선무로 여겼음을 알 수 있다. 그리고 정명正名은 이른바 '政者, 正也'라는 이념과 서로 부합되고 있다.[46] 공자가 정명正名을 견지한 목적은, 명분名分이 바르지 못한名

---

46) 孔子는 '政'을 곧 '正'으로 생각하였다. 『論語』, 「顔淵」편에서 "季康子問政於孔

不正] 최종의 결과가 백성들이 손발을 둘 곳이 없어지기[民無所措手足] 때문이다. 백성들이 손발을 둘 곳이 없어지면 사회는 극도의 혼란과 불안에 빠지기 마련이다. 그러므로 정명正名은 사회질서를 안정시키는 작용을 갖추고 있다.

제齊나라 경공景公이 공자에게 정치에 대해 묻자, 공자가 대답하였다. "군주는 군주답고, 신하는 신하답고 부모는 부모답고, 자식은 자식다운 것입니다." 이에 경공이 말하였다. "훌륭합니다! 진실로 만약 군주가 군주답지 못하고, 신하가 신하답지 못하고, 부모가 부모답지 못하고, 자식이 자식답지 못하다면, 비록 곡식이 있은들 내 그것을 먹을 수 있겠습니까?"

齊景公問政於孔子, 孔子對曰 : "君君 · 臣臣 · 父父 · 子子." 公曰 : "善哉! 信如君不君 · 臣不臣 · 父不父 · 子不子, 雖有粟, 吾得而食諸?"

『論語』, 「顔淵」

상문은 곧 공자의 정명사상正名思想에 대한 명확한 표현의 실례實例이다. 이른바 '君君 · 臣臣 · 父父 · 子子'는 정치에 있어서 군주 된 자는 군주의 직책을 다하고, 신하 된 자는 신하의 직분을 다 하는 것이다. 그리고 가정에 있어서는 부모 된 이는 부모의 직분을 다하고, 자식 된 자는 자식의 도리를 다하는 것이다. 그러나 '君臣'과 '父子'는 당시 사회의 기본 요소이나 형제 · 부부 · 붕우의 관계에까지 미루어 본다면

子, 孔子對曰 : 政者, 正也! 子帥以正, 孰敢不正!'이라 하였고, 또 孔子는 "其身正, 不令而行 ; 其身不正, 雖令不從."(『論語』, 「子路」) 이라 하였다. 그리고 '正'은 '正名'과 '正身'을 포괄하고 있다. '正名'은 행위를 指導하는 原則이며, '正身'은 '正名'의 실천이자 완성이다.

역시 이와 같다. 그러므로 '정명正名'의 함의는 인류 사회와 인성人性속에 포함하고 있는 도덕진리道德眞理에 대해 정확한 정의를 내리고 있다. 그리고 인간관계에 있어서도 사람이 지켜야 할 도리를 명확히 하고 있으며 정치와 도덕상의 규범을 잘 구축하고 있다. 이러한 일체의 각종 규범과 관계는 모두 예禮로 귀결된다. 그러므로 예치禮治의 주요한 선결 작업은 '정명正名'이 되는 것이다.

공자의 예치주의禮治主義는 '정명正名'이 주가 된다. 이는 인간이 지켜야 할 도리의 구체적 표현을 내포하고 있으며 정치는 윤리가 그 중심이 됨을 알 수가 있다. 그리고 정치이념과 원칙을 널리 시행하기 위해서는 교육이 최적의 수단이자 방법이다. 공자는 예교禮敎를 시행하여 백성을 바르게 하려면 우선 군주 자신이 먼저 바른 연후에야 비로소 사람들을 바르게 할 수 있다고 생각하였다.

> 공자가 말하였다. "그 자신이 바르면 명령을 내리지 않아도 실행될 것이고, 자신이 바르지 못하면 비록 명령을 내린다 해도 따르지 않을 것이다."
>
> 子曰 : "其身正, 不令而行 ; 其身不正, 雖令不從." 『論語』, 「子路」

> 공자가 말하였다. "[위정자가]진실로 자신을 바르게 한다면 정치를 하는데 무슨 어려움이 있겠는가? 그러나 자신을 바르게 할 수 없다면 어떻게 남을 바르게 할 수 있겠는가?"
>
> 子曰 : "苟正其身矣, 於從政乎何有? 不能正其身, 如正人何?"
>
> 『論語』, 「子路」

그러므로 만약 위정자가 자신의 수양에 노력을 더한다면 반드시 인격 감화의 효과를 거둘 수 있을 것이다. 예禮의 교화 역시 이와 같다. 군주 자신이 예禮를 좋아하고 예禮를 실천한다면 자연히 교민敎民의 효과를 거들 수 있을 것이다. 물론 시정施政의 조치는 단지 교민敎民에만 그치는 것은 아니지만47), 예치禮治의 입장에서 말하자면 교화는 매우 중요한 위치에 있다. 그러므로 공자는 거듭 강조하며 군주 된 자는 모두 교민敎民을 그 임무로 여겨 태평太平에 이르는 정치를 기대하였다.

공자의 정치사상 중 예치禮治는 비록 덕치德治와 서로 협력, 보완 관계에 있으나 사실 덕德의 범위 내에 통섭統攝되는 것은 아니다. 공자 예禮의 함의는 인仁과 의義의 본질에 두었으며 예禮에 인仁·의義가 따르지 않으면 예禮는 성립될 수가 없다. 즉 예禮는 인仁·의義의 실천이다. 그러므로 공자의 예치주의禮治主義는 덕화德化의 예치禮治라 말할 수 있다.

---

47) 陳大齊선생은 孔子論政의 주요한 항목을 네 가지로 분석하고 있다. 첫째는 敎化이며, 둘째는 外交, 셋째는 經濟, 넷째는 武備이다. 敎化와 經濟는 對內的인 것이며 外交는 對外的, 武備는 對內外的이라고 하였다. 그리고 孔子 施政의 방법에는 養民·敎民·以義使民·擧善·無倦 등이 있다고 하였다. 『孔子學說』, 正中書局, p.310~p.322.

제
6
장

공자예학이 후대에
미친 영향

중국의 유구한 봉건封建역사 속에는 수많은 제왕帝王 장상將相들과 문인文人 묵객墨客들이 출현하였다. 그들은 비록 한 시대를 풍자하며 명성은 얻었으나 시대가 흐르고 환경이 바뀜에 따라 점차 기억에서 사라져 갔다. 그러나 공자는 줄곧 뜻을 이루지 못하였으나 사후 그의 인격과 예학禮學사상은 오히려 쇠퇴하지 않고 후대에 미친 영향이 막대하였다. 중국 봉건사회는 서주西周에서부터 명明·청淸에 이르기까지 수많은 왕조의 흥망고사興亡故事가 충만 할 뿐만 아니라 정치·문화·학술사상과 의식意識형태에 있어서도 각기 다른 발전 단계를 거쳤다. 그러나 모든 왕조마다 공자의 예학사상을 정신적 도구로 삼아 자신들의 전제통치專制統治를 공고히 하는데 이용해 왔다. 그러므로 본 장에서는 공자의 예학사상이 후세에 어떠한 영향을 미쳤는지를 논하고자 한다.

제1절

중국에 미친 영향

1. 춘추전국春秋戰國 시대

춘추전국春秋戰國시기는 신구新舊 통치자를 막론하고 반드시 『詩』·
『書』·『禮』·『樂』에 능통한 유생儒生을 등용하였으며 그들은 정치·
외교·일상생활 등 각 방면에 전력을 다해 헌신하였다. 그렇기 때문에
당시 공자의 중요 정치주장이 실행되지 않았음에도 불구하고 유가학
파는 여전히 많은 발전을 하였다. 『사기』, 「중니제자열전」에 공자에게
삼천 제자가 있었다고 기록하고 있다. 그 중 학업에 힘써 육예六藝에
통달한자가 77인이 있었다고 한다. 그들 중 일부분은 공자 사후死後
전도수업傳道受業을 시작하였다. 이 때문에 공문孔門 후학들은 점점
증가하였다. 그러나 공자 제자들의 출신出身이 모두 같지 않고 경력이
다르기 때문에 공자 학설에 대한 이해도 점차 이견이 생겨났다.
관점의 차이로 인하여 유가儒家 내부에서는 상호대립의 파벌이 점
차 형성 되었다.

공자 사후 자장의 유파가 있었고 자사의 유파가 있었으며, 안씨의
유파가 있었고 맹씨의 유파가 있었으며, 칠조씨의 유파가 있었고 중
량씨의 유파가 있었으며, 손씨의 유파가 있었고 악정씨의 유파가 있
었다.

自孔子之死也, 有子張之儒, 有子思之儒, 有顔氏之儒, 有孟氏之
儒, 有漆雕氏之儒, 有仲良氏之儒, 有孫氏之儒, 有樂正氏之儒.

『韓非子』,「顯學」

이것이 바로 이른바 유가팔파儒家八派이다. 이외에 순자荀子는 자장
씨子張氏의 천유賤儒·자하씨子夏氏의 천유賤儒·자유씨子游氏의 천유
賤儒를 비판한 적이 있다.[48] 이러한 유가 학파 중 맹자孟子를 대표하는
맹씨孟氏의 유儒와 순경荀卿을 대표하는 손씨孫氏의 유儒만이 당시의
현학顯學으로 인정받아 후세에 깊은 영향을 끼쳤다.

먼저 맹자孟子에 대해 논하자면, 그는 당시 사회의 분란紛亂을 목도
目睹하며 사람의 마음을 바르게 하여 사악한 이론을 종식 시키고 선성
先聖의 도道를 보위하는 것[49]을 자신의 소임으로 여겼다. 그는 공자
손자인 자사子思의 문인에게서 수업을 받았다고 전해지고 있다. 맹자
는 공자의 사상을 전면적으로 받아들이고 전파하였다고 말 할 수 있으
며 후유後儒들에게 공자의 정전正傳으로 간주 되었다. 맹자는 공자의

---

48) "弟佗其冠, 神禫其辭, 禹行而舜趨, 是子張氏之賤儒也. 正其衣冠, 齊其顔色,
嗛然而終日不言, 是子夏氏之賤儒也. 偸儒憚事, 無廉恥而耆飮食, 必曰：'君子固
不用力', 是子游氏之賤儒也."『荀子』,「非十二子」.
49) "吾爲此懼, 閑先聖之道, 距楊墨, 放淫辭, 邪說者不得作. ……, 我亦欲正人心,
息邪說, 距詖行, 放淫辭, 以承三聖者；豈好辯哉? 予不得已也."『孟子』,「滕文公
下」.

인仁·예禮와 덕치사상德治思想을 계승 발전하여 인정仁政학설을 제시하였다.

맹자의 예학사상禮學思想은 인간의 성품은 본래 선하다는 '인성본선人性本善'의 기초위에서 형성 되었다. 사람의 성품은 본래 선善하기 때문에 인의예지仁義禮智 사단四端이 존재한다. 이것이 곧 사람과 금수禽獸가 구별되는 것이며 더욱이 인간의 가치가 여기에 있는 것이다. 그러므로 맹자는 다음과 같이 말하였다.

> 무릇 인仁이란 하늘이 내린 높은 작위이며 사람에게 있어서는 편안한 집이다. [그러나]이를 막는 경우가 없는데도 인仁을 행하지 않으니 이는 지혜롭지 못해서 그런 것이다. 인仁을 실행하지 못하고 지혜롭지 못하며 [그리하여]예禮가 없고 의義도 없으면 이는 남에게 사역을 당하는 역부가 된다.
>
> 夫仁, 天之尊爵也；人之安宅也. 莫之禦而不仁, 是不智也. 不仁不智, 無禮無義, 人役也.　　　　　　　　　　『孟子』, 「公孫丑上」

그리고 「이루」편에서 인仁·의義·예禮 삼자의 관계에 대해 기술한 부분이 많다.

> 맹자께서 말하였다. "스스로 해치는 자는 더불어 해줄 말이 없다. 스스로 버리는 자는 더불어 일 할 수 없다. 말할 때마다 예의禮義를 비난하는 것을 자포라 하고 내 몸은 인仁에 거하고 의義를 따를 수 없다고 하는 것을 일러 자기라 한다."
>
> 孟子曰："自暴者, 不可與有言也；自棄者, 不可與有爲也. 言非禮義, 謂之自暴也；吾身不能居仁由義, 謂之自棄也."　　『孟子』, 「離婁上」

맹자께서 말하였다. "인仁의 실상은 어버이를 섬기는 것이요, 의義의 실상은 형에게 순종하는 것이다. 지智의 실상은 이 두 가지를 알아 위배되지 않는 것이요, 예禮의 실상은 이 두 가지를 문식文飾하는 것이다."

孟子曰 : "仁之實, 事親是也 ; 義之實, 從兄是也. 智之實, 知斯二者弗去是也 ; 禮之實, 節文斯二者是也." 『孟子』, 「離婁上」

맹자께서 말하였다. "군자가 일반인과 다른 것은 그 마음을 보존함이 있기 때문이다. 군자는 인仁으로써 그 마음을 보존하며 예禮로써 마음을 보존한다. 어진 자는 남을 사랑하고, 예禮가 있는 자는 남을 공경한다. 남을 사랑하는 자는 남도 항상 그를 사랑하며 남을 공경하는 자는 남도 항상 그를 공경한다."

孟子曰 : "君子所以異於人者, 以其存心也. 君子以仁存心, 以禮存心. 仁者愛人, 有禮者敬人. 愛人者人恒愛之 ; 敬人者人恒敬之." 『孟子』, 「離婁下」

맹자의 성선론性善論은 사실상 인간의 정情은 본래 선善하다는 주장이라고 말할 수 있다. 동시에 그는 인간의 욕망으로써 정情 속에 선善이 있음을 증명하였다. 이것은 인간의 본성이 정욕情欲과 이의理義를 동시에 겸비하고 있음을 의미한다. 그리고 맹자는 이의理義를 특별히 중시하였는데 이점이 바로 사람과 동물을 구별하는 기원이 된다. 그리고 이의理義는 본성本性속에 존재하기 때문에 사람들로 하여금 자연을 정복하고 사역使役하는 것을 목적으로 여기지 않았다. 그러므로 맹자 성선性善의 내적內的 주장은 '만물이 모두 나에게 갖추어져 있다.50)'라고 하면서 사물의 당연한 이치가 모두 성性안에 갖추어지지 않은 것이 없음을 확실히 하였다.

측은지심은 인仁의 단서이며, 수오지심은 의義의 단서이며, 사양
지심은 예禮의 단서이며, 시비지심은 지智의 단서이다.

惻隱之心, 仁之端也 ; 羞惡之心, 義之端也 ; 辭讓之心, 禮之端也
; 是非之心, 智之端也. 『孟子』, 「公孫丑上」

사양辭讓과 공경恭敬은 예단禮端에서 표현된 덕행德行이다. 그리고
인의예지仁義禮智사단四端 역시 맹자가 견지한 '성선설性善說'의 기초
이며 사람이 선천적으로 타고난 것이지 인위적인 것이 아니다. 그러므
로 맹자의 예학사상은 사람의 마음속에서 우러나오는 사단四端의 선
성善性에 기원한다 할 수 있다. 당시 맹자의 영향력은 막대하였다. 그
러나 결국 그 역시 실패하였다. 그의 운명도 공자와 상당히 비슷하다.
생전生前에는 그 뜻을 얻지 못하였으나 사후死後 오히려 이름을 떨쳤
다. 한대漢代 이후 역대 통치자들로부터 추앙推仰을 받았으며 유가儒
家의 지위에 있어서도 공자에 버금가는 사람이라고 할 수 있다.

순자荀子에 대해 논하자면, 그는 공자의 예학사상禮學思想을 위주로
하여 도가道家와 전기법가前期法家의 이론을 계승繼承, 종합하였다. 아
울러 새로운 역사 조건 아래 개혁을 더하여 선진제자先秦諸子를 집대
성한 순학荀學을 형성 하였다. 그는 예악禮樂의 중요성을 다음과 같이
강조하고 있다.

---

50) "萬物皆備於我矣." 『孟子』, 「盡心上」.

예禮는 나라를 다스리는 최고의 준칙이며, 나라를 강성하게하고 견고히 하는 근본이며, 행위를 위엄 있게 하는 길이며, 공명을 세우는 강령이다. 천자·제후가 [禮를]따르면 천하를 얻게 될 것이고 [禮를] 따르지 않으면 사직을 잃게 될 것이다.

> 禮者, 治辨之極也, 強固之本也, 威行之道也, 功名之總也. 王公由之所以得天下也, 不由所以隕社稷也.　　　　『荀子』, 「議兵」

순자의 예禮와 공자의 예禮는 인간으로서의 행위준칙行爲準則이라는 것에서는 일치한다. 그러나 내용면에 있어서는 현격한 차이가 있다. 순자의 예禮는 더 이상 『주례周禮』에 의거한 것이 아니며 춘추전국春秋戰國시대를 거치면서 형성된 예禮이다. 그리고 순자는 예禮의 세 가지 근본을 제시하고 있다.

예禮에 세 가지 근본이 있다. 천지天地는 생명의 근본이며, 선조先祖는 씨족氏族의 근본이며, 군주君主와 사장師長은 다스림의 근본이다. 천지가 없으면 어떻게 생명이 있겠는가? 선조가 없으면 어떻게 씨족이 있겠는가? 군주와 사장師長이 없다면 어떻게 다스려 질 수 있겠는가? 세 가지 중 하나만이라도 없으면 백성들을 편하게 할 수 없을 것이다. 그러므로 예禮는 위로는 하늘을 섬기고, 아래로는 땅을 섬기며 선조를 존숭尊崇하고 군주와 사장師長을 존중尊重하여야 한다. 이 것이 예禮의 세 가지 근본이다.

> 禮有三本 : 天地者, 生之本也 ; 先祖者, 類之本也 ; 君師者, 治之本也. 無天地, 惡生? 無先祖, 惡出? 無君師, 惡治? 三者偏亡, 焉無安人. 故禮, 上事天, 下事地, 尊先祖, 而隆君師. 是禮之三本也.
> 　　　　　　　　　　　　　　　　　　　　　　『荀子』, 「禮論」

예禮는 분수를 정하고 분쟁을 멈추고 사람의 욕망을 조절하고 요구를 공급해 주는 것에서 비롯되었다.[51] 그리고 천지天地와 선조先祖, 군주와 사장師長을 받드는 것이 근본이 된다. 그러므로 순자의 예는 다음과 같은 함의含意를 가지고 있다.

1). 예禮는 도덕道德의 최고 준칙이다. 예는 규구준승規矩準繩과 같은 것이어서 만물을 가늠하는 준칙이며 입신처세立身處世 행위의 표지標識이며 사회의 규범이자 도덕의 극치極致이다. 그러므로『순자』에서는 다음과 같이 말하고 있다.

예는 바뀔 수 없는 이치의 원칙이다.

禮也者, 理之不可易者也.   『荀子』, 「樂論」

『예경禮經』은 법의 근본이며 각종 조례의 강령綱領이다. 그러므로 『예경禮經』을 학습한 이후에 끝맺게 된다. 이것을 일컬어 도덕의 극치라고 하는 것이다.

禮者, 法之大分, 類之綱紀也. 故學至乎『禮』而止矣. 夫是之謂道德之極.   『荀子』, 「勸學」

2). 예禮는 중도中道의 발현이다. 예는 중용을 그 목적으로 삼았다. 다시 말해 예는 모든 사물이 중도中道에 의거해 행동하여 '중용中庸'의

---

51) "禮起於何也? 曰 : 人生而有欲, 欲而不得, 則不能無求. 求而無度量分界, 則不能不爭 ; 爭則亂, 亂則窮. 先王惡其亂也, 故制禮義以分之, 以養人之欲, 給人之求. 使欲必不窮乎物, 物必不屈於欲. 兩者相持而長, 是禮之所起."『荀子』, 「禮論」.

경지에 도달하는데 있는 것이다. 그러므로 정분定分을 그 우선으로 한다.

선왕들이 이러한 혼란을 싫어하였다. 그러므로 예의禮義를 제정하여 분별을 구분하였다.

先王惡其亂也, 故制禮義以分之.   『荀子』,「禮論」

환란을 막고 재앙을 없애려면 분별을 분명히 하고서 무리지어 살도록 해야 한다.

救患除禍, 則莫若明分使群矣.   『荀子』,「富國」

　3). 최상의 예禮는 인정人情과 형식[꾸밈, 文]이 겸비되어 체현體現되는 것이다.「예론」편에서 다음과 같이 말하고 있다.

모든 예禮는 간략함에서 시작하여 형식적인 꾸밈에서 완성되며 만족에서 끝을 맺는다. 그러므로 지극히 잘 갖추어진 예[최상의 禮]는 인정人情과 형식[꾸밈]이 완전히 체현體現되는 것이며, 그 다음의 예禮는 인정과 형식이 번갈아 성하는[한 곳으로 치우침] 것이며, 가장 하급의 예禮는 인정人情으로 돌아가 태고의 질박함과 자연으로 돌아가는 것이다.

凡禮, 始乎梲, 成乎文, 終乎悅校. 故至備, 情文俱盡 ; 其次, 情文代勝 ; 其下復情以歸大一也.   『荀子』,「禮論」

　예禮는 예의禮義와 예용禮容이 서로 조화를 이루어야 비로소 완전한 예禮가 될 수 있다. 그리고 경신敬愼의 마음과 외재적 문식文飾, 이 두 가지는 중요한 구비 요건이므로 그중 하나만이라도 결핍되어서는 안 된다. 예禮는 최초에 간략함에서 시작하여 문식文飾을 통해 완성된 후 심적 만족에서 그 끝을 맺는다. 이것은 곧 공자와 마찬가지로 예의 내면 정신을 중요시 한 것이다.

4). 예禮는 인의仁義의 실현이다. 인仁을 말미암아 의義가 생겨나고, 의義를 말미암아 예禮가 생겨난다. 그러므로 예는 인仁과 의義의 실천 이다.

> 부모를 친근親近히 하고, 옛 벗을 잊지 않으며, 공적에 따라 공적을 논하고, 노력한 사람을 노력한 사람으로 대하는 것이 인仁의 차등[구 분]이다. 귀한 사람을 귀하게 대하고, 높은 사람을 높은 사람으로 대 하고, 노인을 노인으로 대하고, 어른을 어른으로 대하는 것이 의義의 상리常理이다. 실행하여 그 합당함을 얻는 것이 예禮의 질서이다. 인 仁은 사랑이기 때문에 친근親近하는 것이다. 의義는 이치이기 때문에 행하는 것이다. 예禮는 절차 제도이기 때문에 완성되는 것이다. 인仁 에는 일정한 마을[범위]이 있고 의義에는 일정한 문[길]이 있다. 인仁 이 그 마을[범위]이 아닌데 그곳에 있다면 인仁이 아니며, 의義가 그 일정한 문[길]을 통하지 않으면 의義가 아니다. 은혜를 미루어 그 이 치에 맞지 않으면 인仁이 이루어지지 않고 합리적으로 하였다 하더 라도 과감히 하지 않으면 의義가 이루어지지 않는다. 절도와 제도를 밝게 살피더라도 조화를 이루지 못하면 예禮가 이루어지지 못한다. 조화롭게 되었다 하더라도 밖으로 표현되지 못하면 음악이 이루어지 지 못한다. 그러므로 인의예악仁義禮樂의 귀착 지는 하나라고 한 것 이다. 군자가 의義의 원칙에 근거하여 인仁을 처리한 연후에 인仁이 되고, 예禮의 원칙에 의거하여 의義를 행한 연후에 의義가 되고, 예禮 를 제정하는데 근본으로 돌아가 끝을 완성[근본 원칙에 근거하여 구 체적인 예절 조문이 확정]한 연후에 예禮가 된다. 이 세 가지 모두에

통달한 연후에 도道개나라를 다스리는 원칙에 부합] 되는 것이다.

親親故故庸庸勞勞, 仁之殺也 ; 貴貴尊尊賢賢老老長長, 義之倫也.
行之得其節, 禮之序也. 仁, 愛也, 故親 ; 義, 理也, 故行 ; 禮, 節也,
故成. 仁有里, 義有門 ; 仁, 非其里而處之, 非仁也 ; 義, 非其門而
由之, 非義也. 推恩而不理, 不成仁 ; 遂理而不敢, 不成義 ; 審節而
不和, 不成禮 ; 和而不發, 不成樂. 故曰 : 仁義禮樂, 其致一也. 君
子處仁以義, 然後仁也 ; 行義以禮, 然後義也 ; 制禮反本成末, 然後
禮也. 三者皆通, 然後道也.   『荀子』, 「大略」

예禮는 인의仁義를 실현하는 첩경이다. 예禮를 행 할 수 있다는 것은
인의仁義가 모두 그 속에 갖추어져 있다는 것이다. 그러므로 순자는 예
禮로서 인仁 · 의義를 총괄하였고 대다수 예禮와 의義를 병칭並稱하여 수
신 · 제가 · 치국 · 평천하의 요도要道로 삼았다.

5). 법치法治는 예치禮治에서 발원하였다. 예禮는 법法의 근본이며
법치의 근거이다. 그러므로 순자는 다음과 같이 말하고 있다.

『예경禮經』은 법의 근본이며 각종 조례의 강령綱領이다.

禮者, 法之大分, 類之綱紀也.   『荀子』, 「勸學」

그러므로 예에 위배되면 법이 없는 것이다.

故非禮, 是無法也.   『荀子』, 「修身」

예법의 규례를 지키는 관리도 [세월이 오래가면]지쳐서 해이해진다.

守法數之有司, 極禮而褫.   『荀子』,「非相」

상문은 법치法治는 사실 예치禮治에서 발원하였으며, 예禮는 법치法治를 실행하는 최후의 목표임을 설명하고 있다.

맹자孟子와 순자荀子를 비교하자면, 맹자는 선천론先天論자이며 사람의 성품은 본래 선善하다 여겼다. 반면 순자는 경험론經驗論자이며 사람의 성품은 본래 악惡하다 여겼다. 그러므로 서한西漢 이후 정계와 학계 그리고 민간에서는 오히려 전위적인 순자보다는 보수적인 맹자를 더 선호하였다. 당唐나라 중엽의 한퇴지韓退之는 위도자衛道者를 자임하며 맹자의 학설을 확장하는데 노력하였다. 또한 송유宋儒 제자諸子들의 창도唱導와 연구를 거치면서 맹학孟學은 마침내 학술계의 존숭尊崇을 독차지하게 되었다. 송대宋代 이후 교육을 논하고 성性을 논하던 학자들 중 맹자를 귀감으로 삼지 않은 자가 없었다. 그리하여 맹자는 공자와 나란히 할 수 있었다. 그러나 순자는 거의 유가儒家에서 밀려나 청대淸代 고증학考證學자들이 등장하면서부터 비교적 공평한 대우를 받게 되었다.

2. 한漢 · 당唐 시대

유학儒學은 한대漢代에서 당대唐代에 이르기까지 경학經學의 형태로 나타난다. 특히 서한西漢과 동한東漢은 경학經學의 전성기였다. 이른바 경학經學이란 유가 경전經典을 연구하는 학문이다. 경전에 대한 해석과 글자나 구句 또는 문장에 주석을 달거나 각각의 의미를 밝히는 것이다. 전국戰國시대 유가儒家 각 파들은 모두 자신들의 경학이 따로 존재하였으나 공자 학설에 대한 보존과 발전에 지대한 공헌이 있었다. 앞서 언급한 맹자와 순자가 그 대표적이다. 맹자는 공자학설의 핵심을 가장 잘 이해하였고 또 강직한 성격과 구변口辯을 갖추고 있었다. 그는 한편으로 전력을 다해 양묵楊墨을 배척하고 기타 제자백가의 유가儒家에 대한 공격을 막아냈으며, 다른 한편으로 공자의 뜻을 확대하여 성선性善의 이론을 확립하고 유가학설을 더욱 완벽하게 하였다. 순자는 독실篤實하고 학문을 좋아하여 유가儒家 경전인 육경六經의 전술傳述에 역량을 쏟았다. 그러므로 『사기』에서 다음과 같이 말하고 있다.

> 맹자와 순경 같은 사람이 모두 공자의 유업을 이어받아 윤색하여 유학을 당세에 드러나게 하였다. ……, 순경은 경經을 전술한 공이 매우 크다.
>
> 孟子荀卿之列, 咸遵夫子之業而潤色之, 以學顯於當世. ……, 荀卿傳經之功甚鉅.　　　　　　　　　　　　　　　『史記』, 「儒林傳」

그러나 한초漢初에 이르러 맹자와 순자를 잇는 양파는 이미 사라지고 유학을 대표하는 것은 단지 경학經學뿐이었으며, 한漢 황실이 선택한 유가사상은 설학設學과 입정立政의 근거가 되었다. 그 주요한 원인은 유가학설은 실용성을 갖추고 있었기 때문에 개인의 입신처세에 지도指導역할을 할 수 있었을 뿐만 아니라 사회와 국가의 조직과 제도를 발전시켜 정치적 통일을 공고히 할 수 있었기 때문이었다. 이는 흥성해 가는 한漢 제국의 요구에 부합되는 것이었다. 이 시기 공자 예학의 영향을 가장 많이 받은 인물은 가의賈誼였다.

유가의 정치사상은 공자에게서 기원하여 수례守禮를 중시하였다. 예禮는 공자사상 중 윤리의 규범이다. 순자는 전국말기戰國末期 사회의 변란과 제후들의 분쟁을 목도目睹하며 예법禮法을 주장하였는데 이는 법가法家의 정신으로 예치禮治를 취한 것이었다. 그러나 가의賈誼의 정치 주장은 존군尊君에 있었으나 진시황과 법가의 폭군독제를 주장하지는 않았으며 예규禮規를 따를 것을 주장 하였다.

> 그러므로 도덕과 인의는 예가 아니면 완성되지 않으며, 교육과 훈도로 풍속을 바로잡는 것은 예가 아니면 완전하지 않으며, 다툼을 분별하고 송사를 판별하는 것은 예가 아니면 결정되지 않으며, 군주와 신하, 윗사람과 아랫사람, 부모와 자식, 형과 아우 사이에도 예가 아니면 분수가 정해지지 않으며, 벼슬과 학문하는데 있어 스승을 섬기는 것은 예가 아니면 서로 친애할 수 없다. 조정의 위차位次를 정하고, 군대를 통솔하고 벼슬에 나아가고 법령을 시행하는 일은 예가 아니면 위엄이 서지 않는다. 도사禱祠와 제사에 귀신에게 제물을 바치는 것이 예에 맞지 않으면 정성스럽지 않고 공경스럽지도 않다. 그러므로 군자는 공경하고 절제하고 겸양함으로써 예를 밝히는 것이다. 예는 국가를 공고히 하고 사직을 안정되게 하여 군주로 하여금 자신의 백성을 잃지 않게 하는 것이다.

> 故道德仁義, 非禮不成 ; 教訓正俗, 非禮不備 ; 分爭辨訟. 非禮不決 ; 君臣上下父子兄弟, 非禮不定 ; 宦學事師, 非禮不親 ; 班朝治軍, 莅官行法, 非禮威嚴不行 ; 禱祠祭祀, 供給鬼神, 非禮不誠不莊. 是以君子恭敬撙節退讓以明禮. 禮者, 所以固國家, 定社稷, 使君無失其民者也.
> 『新書』, 「禮」

가의賈誼는 예禮에 대한 가치를 전적으로 정치적인 면으로만 보았
다. 공자는 예禮를 논 할 때 개인의 수신修身적인 면을 논하며 제자들
을 훈계하였다. 그러나 가의는 예禮는 국가를 공고히 하고 사직을 안
정되게 하는 도구로 여겼다.

그러므로 어진사람이 예禮를 행하면 천하가 편안해져서 모든 이치가
얻어지게 될 것이다. 덕德이 극진하고 은택이 흡족한데에 이르고 조
화가 막힘이 없으면 하늘은 맑고 땅은 풍성하고 온화하여 사물이
제때 익어 백성들이 속이고 도둑질하는 사악한 마음을 품지 않을
것이다.

故仁人行其禮, 則天下安, 而萬理得矣. 逮至德渥澤洽, 調和大暢,
則天淸澈地富熅, 物時熟, 民心不挾詐賊.　　　　　　『新書』, 「禮」

예禮와 이理는 서로 밀접한 관계가 있다. 『예기』에서 예禮는 이치理
라고 말하고 있다.[52] 어진 사람이 예禮를 행하면 덕德이 만물에 흘러
천지 음양의 조화가 막힘이 없고 심지어 초목에 이르기까지 천지조화
의 기운을 따라 감화感化한다. 이러한 천인天人 감응感應의 사상이 예
禮 관념에까지 미치는 것이 바로 한대漢代 학자들의 특색이다.

한漢나라가 쇠망한 이후 먼저 삼국으로 분리가 되고 이어 육조六朝
가 패권을 잡고 남북南北이 대치하게 되자 자연히 유가학설의 유행에
불리하게 되었다. 당시 불학佛學이 이미 중국으로 유입되어 사람들의
심적 요구에 영합迎合하게 되었고 일반 사대부들은 현묘한 이치만 논
하며 현실에 부합되지 않았다. 그러나 대체적으로 논하자면 이 시기는

---

[52] "禮也者, 理也." 『禮記』, 「仲尼燕居」.

비록 불학佛學이 성행하였으나 정통 학설로는 인정을 받지 못하였다. 단지 일부 사람들이 불설佛說에 마음을 의탁하였을 뿐 전체 정치사회적 기본 형태는 여전히 유가儒家 위주였다.

수당隋唐시대에 이르러 표면적으로는 불佛·도道 양가의 세력이 유가儒家사회 속으로 스며들어갔다. 그러나 현실은 이와 조금 차이가 있다. 육조六朝시기 정국이 문란紊亂하고 사람들은 당시 사회에 대해 희망이 없다고 느꼈기 때문에, 정신적으로 다른 낙원樂園을 찾아 마음의 위안을 얻을 수밖에 없었으며, 불佛·도道 사상은 이런 사람들의 요구에 부합 되었다.

당대唐代에 이르러 정국이 다시 통일 되자 불佛·도道는 소수지식인들이 학리學理를 탐구하는 연구로 변화하였다. 대대수의 사람들은 학술적으로 시詩와 부부賦를 특히 중시하고, 사상적으로는 불佛·도道를 겸하였으며, 생활면에 있어서는 적지 않은 호족胡族의 풍습을 받아들였다. 그러나 정치 사회면에서는 여전히 유가적이었다. 유가의 영향력은 비록 확장 되지는 못했으나, 사실상 그 뿌리는 더 확고해졌다. 그 확장 되지 못한 원인은 과거제科擧制에 있었다. 당唐초기 여전히 유가 학설을 극렬이 제창하였다. 그러나 과거科擧는 진사과進士科를 특별히 중시 하였다. 진사과는 경술經術을 치르지 않았기 때문에 일반인들은 자연히 경전을 익히지 않았고 명경과明經科는 경술經術은 치르기는 하였으나 오경정의五經正義에 제한하였다. 국가 교육정책의 속박이 심한 상황에서 유학은 자연스럽게 퇴화되어 갔다. 그러나 수당隋唐 삼백여 년 동안 유가사상을 그나마 발전시킨 사람은 왕통王通과 한유韓愈 몇 사람뿐이었다. 왕통王通은 일생을 왕도王道를 밝히는 것을 자임하고 공자학설이 흥성하기를 희망하며 공자의 업業을 다시 진작시켰다. 학술 사상면에 있어서 그는 공자를 본받아 유가전통의 관념을 계승하고 궁리진성窮理盡性과 추성주정推誠主靜등 도덕원칙을 제기하여 이학사상理學思想 발전에 기초를 마련하였다. 한유韓愈는 유학儒學을 다시 진작시키는 위도자衛道者이며 유학의 부흥을 주장하고 불·노佛·老학설을 반대하였다. 그는 유가의 도통道統으로 불교의 법통法統에 대항하였으며 유가의 역사적 지위와 유학전통의 중요성을 강조하였다. 유학이 지키고자하는 봉건체제封建體制를 항상 치국治國·수신修身·논사論事의 최고 원칙으로 삼아야 한다고 강조하였다. 그리고 불佛·노老의 학문을 배척하고 공맹孔孟의 도道만을 존중해야 한다고 주장하였다.

3. 송宋·원元·명明 시대

당대唐代 한유韓愈는 신유학新儒學의 선구자라 말할 수 있다. 그는 유가의 도통설道統說을 제기하고 제자 이고李翺와 함께 『대학』·『중용』등 유가 경전을 장려하며 이적夷狄의 도道인 불교를 비평하였다. 그러나 당대唐代의 불교세력은 막대하여 왕공귀족·관료·사인士人들 사이에서 불교를 신봉하는 자들이 많아 신유학新儒學은 발전에 한계가 있었다. 송대宋代에 이르러, 송유宋儒들은 『역경』·『논어』·『대학』·『중용』 그리고 『맹자』를 융합하고 확대하여 두 가지 관점으로 귀납시켰다. 천지의 대원大原을 연구하는 본체론本體論과 인성人性의 궁극을 연구하는 도덕관道德觀이다. 종합하면 '이기심성理氣心性' 4글자로 요약 할 수 있다. 이理는 우주변화의 자연법칙이며, 기氣는 변화하는 여러 가지 형태를 말한다. 성性은 이理와 상대적이며, 심心은 기

氣와 상대적이다. 본래 하늘[天]에 존재하는 것으로 말하자면 이理와 기氣이며, 인간에게 부여된 것으로 말하자면 성性과 심心이다. 인간의 성품은 하늘로부터 부여받았기 때문에 천天과 일치한다. 그러므로 하늘이 소유한 것 중 인간에게 존재하지 않는 것이 없다. 인간은 곧 작은 우주이다. 그러므로 송유宋儒들이 논하는 이기理氣와 심성心性은 천인합일天人合一론이라 할 수 있다. 이러한 학설은 불佛·노老가 공孔·맹孟에 융합되어 새로이 구성된 형이상학形而上學적 송유宋儒라고 말할 수 있다.

이 시기 예禮와 관련된 인물은 정자程子와 주희朱熹가 대표적이다. 사회생활을 유지하기 위해서는 각종 제도와 규범이 필수적이다. 정자程子는 그의 어록 중 가장 보편적으로 말한 규범이 바로 예禮이다.

예禮는 광의廣義의 예와 협의狹義의 예로 구분 할 수 있다. 광의廣義의 예는 악樂과 함께 논하는 예禮이다. 이것은 본래 주대周代 귀족들 사이에 행하여지던 것으로, 봉건제도·정전제도·종법제도를 바탕으로 하는 상류사회의 규범이었다. 이후 유가儒家가 이상화理想化하여 이를 전 국민으로 확대 실시하며 사회질서를 유지해야 한다고 주장하였다. 이로부터 예禮는 일반 행위규범의 총칭總稱이 되었다. 협의狹義의 예는 제례·혼례·관례·상례등과 같은 각종 의식儀式을 말한다. 협의의 예는 이정二程의 어록 중 제자들과 각종 예에 관해 토론한 부분이 많다. 그들이 언급한 예는 제례·혼례·관례·상례 등 그 내용이 매우 상세하다. 특히 이천伊川은 다년간의 시간을 들여 육례六禮를 완성하였다.― 관례·혼례·상례·제례·상견례. 이 문장들은 현재『이천문집伊川文集』에서 볼 수 있다. 그 내용은 어록에 기재된 것보다 훨씬 더 완전한 것으로 보아 정문程門이 예를 중시했음을 알 수 있다.

광의廣義의 예 부분에 있어서 정자程子는 다음과 같은 몇 가지 인식을 가지고 있다.

첫째, 그 어떠한 사회도 예악禮樂은 있다. 예악이 없으면 사회는 반드시 존재 할 수 없다. 사람들은 흔히 예악禮樂이 붕괴 되는 것을 보고 예악이 이미 소실되었다고 말한다. 그러나 예악은 결코 소실되지 않음을 전혀 알지 못한다. 국가가 하루만 존재하더라도 하루의 예악이 존재하며, 도적이라 할지라도 그 속에는 예악이 존재한다. 다음의 인용문이 이를 잘 설명하고 있다.

> 도적들이 지극히 무도無道하지만 또한 예악은 있는 것이다. [그 무리에는]반드시 거느리는 자와 따르는 자가 있을 것이니 틀림없이 서로 듣고 따라야 곧 도적질 을 할 수 있다. 그렇지 않으면 반란이 일어나 통솔하지 못해 하루라도 서로 모여 도적질 할 수 없을 것이다.
>
> 盜賊至爲不道, 亦有禮樂. 蓋必有總屬, 必相聽順, 乃能爲盜. 不然, 則叛亂無統, 不能一日相聚而爲盜也.　　　　『遺書』, 「第十八」

둘째, 예禮는 하나의 질서이며, 악樂은 하나의 조화일 뿐이다. 즉 예는 자연의 질서이며 악은 곧 자연의 조화이다. 바꾸어 말하면, 하늘 아래 어느 곳에도 예악 아닌 것이 없으며 자연속에 본래 존재하는 것이다.

> 천하에 그 어느 한 물건도 예악禮樂이 없는 것이 없다. 우선 예를 들면 두 개의 의자를 놓았는데 하나가 바르지 않으면 이는 곧 질서가 없는 것이다. 질서가 없으면 어그러지게 되고 어그러지게 되면 곧 조화를 이루지 못하게 된다.

天下無一物無禮樂, 且如置此兩椅, 一不正, 便是無序, 無序便乖, 乖便不和.　　　　　　　　　　　　　　　　　『遺書』, 「第十八」

셋째, 예禮의 작용은 상하上下 존비尊卑를 구분하는 것이며, 악樂의 작용은 조화를 이루는 것이다. 예와 악 양자 중 하나만이라도 없어서는 안 되며 반드시 균형을 유지하여야 한다.

예禮가 지나치게 되면 도道에서 멀어지게 된다. 그러므로 예禮의 쓰임에는 화和가 귀한 것이다. 선왕의 도는 이를 아름답게 여겨 크고 작은 일들이 모두 이것[禮]을 따랐다. 악樂이 지나치면 방탕한데로 흐르게 된다. 그러므로 행하지 말아야 할 것이 있으니 화和를 알아서 화만하고 예禮로서 조절하지 않으면 역시 행 할 수가 없는 것이다.

禮勝則離, 故禮之用和爲貴. 先王之道, 以斯爲美, 而小大由之 ; 樂勝則流, 故有所不行者, 知和而和, 不以禮節之, 亦不可行.
　　　　　　　　　　　　　　　　　　　　　　『遺書』, 「第十九」

행위의 이理는 공자 사상 중 예禮로써 대표된다. 그러나 이理는 볼 수 없는 것이며 의儀는 볼 수 있다. 공자는 『논어』에서 항상 예禮로서 행위의 규범으로 삼았다.[53] 그리고 『예기』에서 예禮는 천리天理를 근본으로 함을 설명하고 있다. 송조宋朝의 이학理學은 예禮를 지키는 것이 곧 이理를 지키는 것이었다. 주희는 본래 이理를 그의 사상적 기초와 중심으로 삼고 이理로써 일체를 해석하였다. 그러나 그는 정문제자程門弟子들이 예禮를 지키는 것이 곧 이理를 지킨다는 것에는 동의하

---

53) "子曰 : '非禮勿視, 非禮勿聽, 非禮勿言, 非禮勿動.'" 『論語』, 「顔淵」.

지 않았다. 왜냐하면, 정문제자程門弟子들은 오로지 정좌靜坐의 심학心
學을 중시하며 공허함으로 흘렀기 때문이다. 주희의 주장은 실행에
있었다. 즉 예禮를 지키는 것이 곧 이리를 지키는 것이지만, 외면적인
예의禮儀의 규칙을 준수하여야 한다고 강조하였다. 그는 이학자理學者
로써 예를 중시하였는데, 대부분 이理는 형이상학形而上學적인 형체가
없는 것이어서 반드시 형이하학形而下學의 실천적 예禮와 서로 조화를
이루어야 함을 역시 강조하고 있다.[54]

주희는 일찍이 예서禮書 편수編修에 뜻을 두었다. 그는 「가례家禮」
서序에서 다음과 같이 말하였다.

> 무릇 예禮에는 근본根本과 문식文飾이 있는데, 가정에서 행하는 것으
> 로 말하면 명분名分을 지키는 것과 사랑하고 공경하는 진실한 마음
> 이 그 근본이 된다. 관혼상제冠婚喪祭의 의장儀章과 도수度數[한도]는
> 그 문식이 된다. 그 근본은 가정에서 날마다 행하는 일정한 본체이니
> 진실로 하루라도 닦지 않으면 안 된다. 그 문식은 모두 기강으로써
> 인간 도리의 처음과 끝이니, 비록 이를 시행하는 데에 때와 장소가
> 있지만 평소에 명확하고 익숙하게 익히지 않으면 일이 닥쳤을 때,
> 절도에 맞고 올바르게 대처할 수 없게 된다. 그러므로 하루라도 예를
> 익히지 않으면 안 되는 것이다. ……, 세상의 군자들이 비록 간혹
> 고금의 변화를 참작하여 한 시대의 법도를 만들기는 하지만, 그러나
> 혹은 상세하고 혹은 간략하여 절충 할 수 없고, 심지어는 그 근본을
> 잃어버리고 그 말단에만 힘쓰거나, 실질에는 느슨하고 형식에만 급
> 급하기에 이르렀다. 본디 뜻이 있어 예를 좋아하는 인사라도 오히려

---

54) "禮卽理也, 但謂理, 則疑若未有有形迹之可言. 制而爲禮, 則有品節文章之可見
也."『朱文公文集』,「答曾釋之」.

그 요체를 거행하지 못하거니와, 더욱이 가난에 찌든 자는 끝내 예에 맞출 수가 없다고 걱정한다. 어리석은 나로서는 둘 다 안타깝다! 그래서 홀로 고금의 서적을 살펴보며 궁구하여, 그 변경하지 못할 대체는 그대로 두고, 그 사이에 약간 가감을 하여 일가一家의 책을 만들었다.

凡禮有本有文. 自其施於家者言之, 則名分之守, 愛敬之實, 其本也 ; 冠婚喪祭儀章度數者, 其文也. 其本者, 有家日用之常體, 固不可以一日而不修也 ; 其文又皆所以紀綱人道之始終, 雖其行之有時, 施之有所, 然非講之素明, 習之素熟, 則其臨事之際, 亦無以合宜而應節, 是不可一日而不講且習焉也. ……, 世之君子, 雖或酌以古今之變, 更爲一時之法 ; 然亦或詳或略, 無所折衷, 至或遺其本而務其末, 緩於實而急於文. 自有志好禮之士, 猶或不能擧其要 ; 而困於頒蹇者, 尤患其終不能有以及於禮也. 熹之愚, 蓋兩病焉! 是以嘗獨究觀古今之籍, 因其大體之不可變者, 而少加損益於其間, 以爲一家之書.　　　　　　　　　　『朱文公文集』,「卷十七」

예禮에는 변하는 것과 변하지 않는 것이 있으며, 근본과 말단이 있고, 실체實體와 문식文飾이 있으며, 고금古今이 있고, 상세함과 간략함이 공존한다. 그러므로 예禮는 반드시 손익損益을 고려하여 절충해야 한다. 이것이 바로 주자가 예서禮書를 편수編修하며 적용한 종합적인 관점이다.

주자는 만년晚年에『의례경전통해儀禮經典通解』를 편수하였다. 그 규모는 방대하여 가례家禮·향례鄕禮·학례學禮·방국례邦國禮·왕조례王朝禮·대사례大射禮·빙례聘禮·공후대부례公侯大夫禮·제후상조례諸侯相朝禮·상례喪禮·제례祭禮 등류를 포함하고 있다. 아울러 그는 예禮를 고증하고 수정하면서 예경禮經과 삼례三禮를 그 근간으로 삼고, 고금의 예학禮學을 집대성한 것으로 포용력이 풍부하여 명성이 매우 높다.

원대元代는 외래정권이었기 때문에 한족漢族에게 유화정책을 시행한 것은 학술분야에 있어서도 마찬가지였다. 이 시기 정程·주朱학설을 극렬히 장려하여 정주학은 원대元代에 더욱 번성하였다. 비록 학자들은 새로운 길을 개척 할 수는 없었지만 송학宋學, 특히 정주학은 그들의 연구와 해석을 통해 더욱 발전하였다.

명대明代는 모든 사상과 학설이 송宋·원元의 정주程朱 구설舊說을 여전히 계승하였다. 정권도 정주의 학설로 전국에 호소하였다. 명조明朝 중엽에 이르러 왕양명이 출현하였다. 그는 직접적인 투철한 사상으로 '치양지致良知'의 학설을 추진하고 발전시켜 스스로 일가를 이루었는데 후세에 이를 요강姚江학파라 칭했다. 그의 학문적 근원은 가까이는 주돈이周敦頤·정자程子이며, 멀리는 맹자를 모방 발전시켰고 사상은 육상산陸象山과 매우 가깝다. 당시 왕학王學이 출현하면서 주자학은 점차 쇠퇴해져 갔다. 그러나 주자학은 결코 소멸된 것은 아니며 사회 방면의 세력은 여전히 그 뿌리가 깊었다. 왕양명 그는 도덕교육과 도덕수양을 중시하며 지행합일의 도덕을 제시하였다. 이른바 지행합일은 일반적인 인식과 실천의 관계가 아니며 두 가지 뜻을 포함하고 있다. 첫째, 지知 속에 행行이 있으며, 행行 속에 지知가 있어 지행知行은 원래 하나의 공부이다. 둘째, 지知로써 행行을 삼고, 지知가 행行을 결정하며, 행行이 지知가 되는 것이다. 이것은 중국 고대 학술사상에 있어 긍정적인 의의가 있다.

제2절

한국에 미친 영향

오천여 년 역사의 한국은 지리적으로 인접한 까닭에 고대로부터 중국과 밀접한 왕래가 있었다. 인류학 혹은 고고학적 입장에서 보더라도 한중관계는 예로부터 상당히 밀접했다.

공자사상은 대략 한초漢初에 한국으로 전래되었다. 유학이 중국에서 발생한 이후 동쪽으로 한국에 전래되었다 말하면, 한국유학은 중국유학의 일부분이라는 인상을 주기 쉽다. 그러나 사실 그렇지 않다. 중국유학의 형성과 연원의 과정에서 보면, 중국유학은 공자가 집대성한 후 한국에 전래되기 시작하였으며 한국은 중국유학의 흡수와 더불어 한국 입장에 부합되는 이른바 한국유학으로 발전하여 자연히 중국유학과는 구별되지만, 그 의의와 정신은 중국유학의 영향을 많이 받았다. 바꾸어 말하면, 공자의 예학禮學사상은 한국경제 · 정치 · 문화 · 학술 · 사상 등 발전에 적극적인 역할을 하였으며 한국전통사상의 중요한 요소가 되었다.

1. 삼국시대

삼국시대는 한민족韓民族 조기早期 봉건사회였다. 중국과 수백 년의 문화교류와 접촉을 통하여 유가사상은 마침내 통치적 지위를 차지하는 이념이 되었다.

삼국 중, 한반도의 최북단에 위치하며 중국의 역사 · 지리와 가장 접점에 있는 고구려는 중국문화의 영향이 매우 깊었다. 한자를 받아들였을 뿐만 아니라 유학을 숭상하였다. 이 시기 유학은 한국역사상 관학官學이 되었다. 고구려는 유학을 교육이념으로 삼고 소수림왕 2년(372년) 중국식 학교인 '태학太學'을 설립하였다.[55] 태학의 이념과 학제 및, 내용은 명확한 기록은 없으나 학교설립의 동기를 유추해 보면, 한학漢學과 유학의 학습이 전제가 되었다. 또한 태학박사太學博士를 설립하여 유가의 고유 경전인 『詩』 · 『書』 · 『易』 · 『禮』 · 『春秋』 및 『史記』 · 『漢書』 · 『後漢書』등을 귀족자제들에게 교육하였다. 그리고 대량의 유학생들을 중국으로 파견하였다.

고구려 유학의 경향과 학풍은 문헌 부족으로 자세히 고찰할 수는 없으나 훈고訓詁 · 기송記誦 · 사장詞章의 학문을 숭상하였다. 그리고 『주서周書』 이역전異域傳 고려조에 기록된 고구려 예속을 보면,

시집이나 장가 갈 때 혼례는 간단하게 치르며 재물이나 폐백을 주고 받지 않는다. 만약 재물을 받는 자는 자식을 종으로 파는 것이라고 하면서 속되고 매우 부끄럽게 여겼다. 부모와 남편의 상喪인 경우

---

55) "二年, 夏六月, 秦王苻堅, 遣使及浮屠順道, 送佛像經文. 王遣使廻謝, 以貢方物, 立太學, 敎育子弟." 『三國史記』 卷18, 小獸林王二年條.

그 상복제도는 화하華夏[중국]와 같고 형제인 경우는 석 달로 한정하
였다.

婚娶之禮, 略無財幣. 若受財者, 謂之賣婢, 俗甚恥之. 父母及夫之
喪, 其服制同於華夏, 兄弟卽限三月.

상문을 통해 보면 고구려의 예속禮俗은 중국유가의 영향을 받았음
을 알 수 있다.

백제는 B.C.18년 건국되어 660년 멸망에 이르기까지 678년간 고구
려와 마찬가지로 중국과 교류가 빈번하였으며 중국문화를 직접 받아들
였다. 일부 산재되어 있는 역사자료에 박사博士의 명칭이 등장하는 경
우를 보면 그 당시의 박사는 교학의 직책을 맡은 관직 이였으며 또한
중국의 오경박사 · 고구려의 태학박사와 동일한 의미이다. 백제의 박사
기록이 처음 출현하는 것은『삼국사기』,「근초고왕기」편의 '박사고흥博
士高興'의 명칭이 그것이다. 여기에서의 이른바 박사는 경經과 사史에
능통한자를 지칭한다. 그러나 이 이전에 박사 왕인王仁이『천자문』과
『논어』를 일본에 전했다는 기록이 있다.[56] 이상을 통해 보면 이른바
박사의 명칭은 교학의 직무를 담당하던 관직이며 동시에 한학과 유가
경전을 연구하던 전통학자의 별칭임을 알 수 있다.

이상의 자료에 의하면 백제의 유학 역시 이미 발달하였음을 추측해
볼 수 있다.

기록에 의하면 신라는 고구려보다 20년 앞서 건국 하였다. 그러나
지역적으로는 한반도의 최남단이며 거리도 중국과 가장 멀다. 또한

---

56)『日本書紀』, 卷9, 神功皇十六年條.

고구려와 백제의 위치적 제약을 받았기 때문에 중국과의 접촉 빈도가 완만하였다. 한학漢學이 신라에 언제 전래 되었는지 고찰할 만한 상세한 사료史料가 없다. 그러나 일부 방계傍系 고증을 보면 대략 내물왕奈勿王[381년]시기 전진前秦의 부견苻堅이 사신과 승려 순도順道를 고구려에 파견하고 왕래 하였을 때 한학이 고구려를 경유하여 신라에 유입되었을 것이라 추정하고 있다. 지증왕智證王[503년]에 이르러 중국식 왕호와 상복제도가 정립되고 행정구역도 확립된다. 법흥왕法興王[520년] 때 백관百官의 공복公服이 확정되고 법령이 공포되는 것으로 보아 이것은 유가의 영향이며 이로써 한문화漢文化를 흡수했다고 할 수 있다.

신라의 건국은 비록 고구려와 백제에 비해 이른 편이나 지리적인 위치로 인해 그 제도와 문화층면의 발전은 비교적 완만하였다. 그러나 이것은 오히려 자체문화를 발전시키고 외래문화[儒佛文化]를 효과적으로 받아들여, 특수교육의 전통을 가진 소위 화랑花郎교육으로 거듭나게 하는데 도움이 되었다. 신라의 유학은 기송記誦·사장詞章과 훈고訓詁의 학문에 불과 하였으며 궁리窮理 사색思索의 영역에는 이르지 못하였다. 그러나 윤리 도덕적 실천방면에 있어서는 꽤 볼만한 것이 많다. 신라인들은 대체로 강렬한 도덕정신을 갖추고 있었으며 실천윤리를 중시하여 지행합일의 풍조가 적지 않았다. 따라서 유가의 도덕면을 포용하고 흡수하기가 용이하였으며 그 결과 화랑도花郎徒와 유가사상은 밀접한 관계를 맺게 되었다.

화랑도의 기본 정신은 충효忠孝이다. 최치원의 난랑비鸞郎碑 서序에 다음과 같은 내용이 있다.

"나라에 현묘玄妙한 도道가 있는데, 풍류風流라고 이른다. 교화를 행하는 근원에 대해서는 선사仙史에 자세하게 갖추어 있는데, 실로 이에 삼교三敎를 포함하여 중생衆生들을 접하여 교화하는 것이다. 이를테면 들어와서는 집안에서 효도하고, 나가면 나라에 충성하라고 하는 것은 노魯나라 사구[司寇, 공자]의 가르침이다. 무위無爲의 일에 처하고 불언不言의 가르침을 행하는 것은 주周나라 주사[柱史, 노자]의 본뜻이다. 갖가지 악惡을 행하지 말고 갖가지 선善을 받들어 행하라고 하는 것은 축건태자[竺乾太子, 석가]의 교화이다."라고 하였다. 당唐나라 영호징令狐澄의 『신라국기新羅國記』에는 "귀인貴人 자제子弟 가운데 훌륭한 이를 선발하여 분을 바르고 곱게 꾸미며 이름을 화랑花郎이라고 하였는데, 나라 사람들이 모두 떠받들며 섬겼다."라고 하였다.

"國有玄妙之道, 曰 : 風流. 設敎之源, 備詳仙史, 實乃包含三敎, 接化群生. 且如入則孝於家, 出則忠於國, 魯司寇之旨也 ; 處無爲之事, 行不言之敎, 周柱史之宗也 ; 諸惡莫作, 諸善奉行, 竺乾太子之化也." 唐令狐澄新羅國記曰 : "擇貴人子弟之美者, 傅粉粧飾之, 名曰花郎, 國人皆尊事之也."   『三國史記』, 「新羅本紀」

이상을 통해, 공자의 충효사상·노자의 묵언실천·석가의 금악행선禁惡行善 사상이 신라에 의해 완전히 흡수되고 융합되었음을 알 수 있다.

그리고 화랑도의 일상생활신조 중, '세속오계' 즉 '사군이충事君以忠·사친이효事親以孝·교우이신交友以信·임전무퇴臨戰無退·살생유택殺生有擇'의 충忠·효孝·신信·용勇·택살擇殺은 모두 유가의 충효신의용忠孝信義勇의 사상이다. 이런 유가의 덕목은 비단 화랑들이 표방만 한 것이 아니라 실천하였던 것이다. 살생유택은 혹 불교의 교리라고 말하기도 하나 사실 그렇지 않다. 모든 불가는 살생을 십악업十惡業의 하나로 여기고 있다. 언제, 어떤 사물이든 크기를 막론하고 모든 살생은 엄격히 금하고 있기 때문에 선택 할 수 있는 것이 아니다.

그러므로 '살생유택'은 유가의 사상이며 불가의 사상이 아니다. 화랑교육은 이상에서 서술한 특수한 성격을 가지고 있기 때문에 신라사회를 굳건히 다질 수 있었다.

신라는 유학을 실행한지 매우 오래 되었다. 그러나 고구려가 태학을 설립한지 310년 후 신문왕神文王 2년(682년)에 비로소 '국학國學'이 설립되어 예부禮部에 예속되었다. 이는 신라 문무왕文武王이 삼국을 통일한 후 당나라와 직접 접촉하고 서로 사절교류 및 유학생과 구법승求法僧의 왕래가 빈번하여 당唐 문화의 영향을 받았기 때문이다.

국학의 교육목적은 고구려 태학과 같다. 유학의 이념으로 국가의 동량棟樑을 양성하는데 있었으며 그 교육내용 역시 유가의 경전을 중심으로 하였다. 『주역』·『상서』·『모시』·『예기』·『춘추좌씨전』·『논어』·『효경』·『문선』 등이며, 이를 세 과로 나누었다. 첫째는 『예기』·『주역』·『논어』·『효경』이며, 둘째는 『춘추좌씨전』·『모시』·『논어』·『효경』, 셋째는 『상서』·『논어』·『효경』이었다. 그중에 『논어』·『효경』은 공동 필수과목이었다. 이상에서 알 수 있듯이 신라의 국학은 수신修身에 역점을 두었으며 동시에 유가의 지도원리―충·효 등을 사회적 지도이념으로 삼았다.

신라 원성왕元聖王 4년(788년)에 이르러 국학에 독서삼품과讀書三品科를 설치하여 인재 채용의 기준으로 삼았다. 또한, 학생의 성적을 상중하 삼등분하여 우선 『좌씨전』·『예기』·『문선』을 숙독하여 그 뜻에 능통하고 아울러 『논어』·『효경』에 밝은 자를 상품으로 하였다. 그리고 『곡례曲禮』·『논어』·『효경』을 숙독한 경우 중품, 『곡례曲禮』 혹은 『효경』을 숙독한 자는 하품으로 나누었다. 이와 같이 순서에 따라 구분하여 관료선발의 기준으로 삼았다. 만약 오경五經과 삼사三史 및,

제자백가서를 익혔다면 앞서 말한 삼품을 뛰어넘어 우선적으로 채용하였다. 이전에는 궁술弓術 혹은 화랑의 천거를 통하여 관직에 등용되었으나, 이로부터는 학문성적에 따라 인재를 등용하였고, 『논어』와 『효경』을 필수 과목으로 삼았다. 따라서 유학은 점점 중시되고 공자와 제자들의 초상화도 함께 배향되기 시작하였다.

2. 고려시대

후삼국後三國시기 완전한 통일로 인하여 왕건은 신라를 정복한 후, 순조롭게 왕위에 등극하며 국기國基는 안정되었다. 왕건은 대내적으로 모든 제도를 정비하고, 대외적으로는 영토를 확장하여 신라의 귀족들을 포용하고, 이들을 동화同化시켜 불교를 보호하고, 새로운 지배체제를 구축하였다. 경종 때 토지제도를 개혁하고, 성종 때 중앙 및 지방의 각종제도를 확립하였으며 문종 때 이르러 강력한 중앙집권의 국가체제를 완성하였다. 문화측면에 있어서, 고려는 신라문화를 계승하였고 신라시기 호국불교로 여겨졌던 불교는 여전히 국교로 숭상 되었다. 사상면에 있어서, 불교의 비형식적 영향 아래 유학은 여전히 자유롭게 발전하는 공간을 가지고 심지어 제도화된 학교교육을 지배하였다. 성종 11년(992년) '국자감國子監'을 설치하여 경학박사를 두고 유학을 장려하기 시작하였다. 또한 유학자를 등용하여 정치를 하였기 때문에 정사政事에 있어서도 유학의 영향을 받았다. 인종 시기, 유학자들이 더욱 정치적 주도권을 장악하여 신유학, 이른바 성리학性理學이 고려에 유입되어 발전 하였다. 그러므로 고려시대의 사상배경을 보면, 불교는 사원을 중심으로 발전 하였고, 유학의 경우는 제도화된 학교를 중심으로 고려사회의 정치 · 경제 · 사회 · 문화를 지배하였다. 당시의 저명한 유학자는 최충崔沖 · 이색李穡 · 안향安珦 · 정몽주鄭夢周가 대표적이다. 특히 안향은 연경燕京까지 가서 『주자전서』를 학습하고 공자와 주자의 상像을 모사하였다. 그는 주자학을 한국에 처음 전한 인물이다. 주자학에 심취하여 늘 주자상을 걸어놓고 존경을 표하며 자호를 회헌晦軒이라하였다. 그의 사상은 주자학을 기초로 하였기 때문에 제자들에게도 공자의 도를 익히기 위해서는 반드시 회암晦庵[주자]을 먼저 익혀야 한다고 강조하였다. 안향은 성인의 도는 일상윤리의 실천에 있다고 여겼기 때문에, 자식 된 자는 효를 다하고, 신하된 자는 충을 다하며, 가정은 예의禮儀로써 보전하고, 신信으로써 교우하고, 공경으로 자신을 수양하며, 성誠으로 일을 처리하는 등 일상생활의 도리를 매우 중시하였다.

이상을 종합해보면 고려시대 사상은 신라 때 전래된 불교사상을 계승하고 중국 — 당송시대의 유학사상과 결합하여 발전하였다. 다시 말하면, 이것은 바로 현실과 결합된 학문 — 유학의 '제가치국지학齊家治國之學'과 현세와 미래를 추구하는 견해 — 불교의 '수신치기修身治己' · '안심입명安心立命'이 결합하여 이루어졌다.

3. 조선시대

1392년, 조선왕조는 고려왕조를 대신하게 되었다. 태조 이성계李成桂의 조선건국으로 말미암아 당시의 신흥 유신儒臣들은 유학[주자학]

의 정치사상을 신봉하며 고려왕조 유불병중儒佛並重 문화정책을 개혁하고 숭유억불崇儒抑佛 정책을 강행하며 유학을 전력 추진해 유일한 정통사상으로 만들었다. 유학은 조선에서 전성기에 이르렀다고 할 수 있으나, 당시의 유학은 주자학이 주류였다. 주자의 『소학』·『가례』·『사서집주』 및, 『사서대전』·『오경대전』·『성리대전』 등이 조선시대 공·사학의 교과서가 되었다. 『소학』의 명륜明倫·『가례』의 존장경조尊長敬祖·『사서집주』의 수신·제가·치국은 조선의 가정윤리와 사회윤리의 중심관념이 되었으며, 충효사상은 사대부의 중심 가치가 되었다. 비록 후기에 당쟁이 치열하고 서로 배척하며 모함하였지만, 사대부들은 여전히 군주에게 충성하고 백성들을 사랑하며 백성들의 고통에 관심을 기울인 것을 보면 충효애민의 사상이 사대부들의 심중에 깊이 자리하고 있음을 알 수 있다.

조선시대는 유학을 적극 발전시키기 위하여 중앙에는 '성균관成均館'을 설치하고, 지방에는 '향교鄕校'를 설치하며 민간에는 수많은 '서원書院'과 '서당書堂'을 세웠다. 각종 교육에 참가하는 자는 문무양반관원·귀족자제 외에도 평민자제들도 많았다. 과거제도를 활성화하여 수많은 청년학자들이 유학을 열심히 공부하게 하였다.

유학교육의 수요를 만족하게하기 위하여 한편으로는 대량의 중국 유가경전을 수입하고 목판으로 간행하였으며, 한편으로는 명유名儒들로 하여금 조선의 상황에 근거하여 한문·언문과 도서를 이용하여 각종 유학교재를 편찬하게 하였다. 예를 들면, 『예기천견록禮記淺見錄』·『효행록孝行錄』·『오례의五禮儀』·『삼강행실三綱行實』·『삼강행실도三綱行實圖』 등 충효절의의 관념을 문맹인을 포함한 모든 민중들에게 보급시키는 등 광범위하고 깊이 있는 유학교육을 실시하였다.

그리고 16세기 후반, 전국에 실행한 '향약鄕約'은 유가의 기풍을 더 깊이 반영하였으니 공자사상의 영향이 심원함을 알 수 있다.

조선시대 유학의 발전 양상을 보면, 태조 때부터 이미 민족문화 발전의 계기를 세웠으며 그 후 세종을 거쳐 성종 때 이르러 정치·사회·교육체제를 완성하였다. 이후 연산군으로부터 경종에 이르는 시기는 사화士禍로 인한 당쟁과 왜란 등 사회혼란의 국면이었다. 이 시기의 대표적 유학자는 화담·퇴계·율곡 등 이다. 이들로 인해 이 시기의 철학사상은 왕성하게 발전 하였다.

세종 때 이르러 경연經筵을 설치하고, 왕을 위해 경서經書를 강의하며, 집현전集賢殿을 설치하고, 우수한 인재를 초빙하여 한글을 창조하며 민족 문화를 발전시켰다. 그 후 문종과 성종은 여전히 이러한 문화를 이어나가 유가사상의 태평성대였으며, 한국 민족사의 제자백가시대이기도 하였다. 다만 영조 이후 문호개방 정책의 영향으로 유학이 보수성을 드러내면서 소수의 지식인이 청조淸朝의 고증학考證學 및 서양의 천주교 사상을 도입하게 되자, 한국 사상사의 실학 풍조가 나타났다. 이 시기 주요한 실학 사상가로는 유형원柳馨遠·박지원朴趾源·정약용丁若鏞등이다.

퇴계退溪는 조선시대 성리학의 대가이다. 유가사상의 원천인 주자학의 이론을 체계적인 학문으로 조직하여 성리학을 집대성한 동방철학의 태두泰斗가 되었으며 동방의 주자라고 불리기도 하였다. 만년에 서원을 세워 교육에 힘썼으며 한국 유가사상에 막대한 영향을 끼쳤다.

퇴계의 사상은 주자의 이기이원론理氣二元論을 계승하고 완성하였다. 그의 교육목적은 '경敬'에 있으며 '경'을 성학聖學의 기초로 삼아

대학大學과 소학小學에 일관되게 하였다. 이른바 '경敬'은 지적 행위와 실천적 행위를 지칭한다. 바꾸어 말하면, 그는 결코 학문을 지식의 대상으로만 여기지 않고 마음과 덕행이 일치하는 공부에 노력하며 거경 궁리居敬窮理를 강조하였다.

『소학』의 방법은, 물 뿌리고 쓸고 응답하며 집에 들어가서는 효도하고 밖에 나가서는 공경하여 모든 행동에 거스름이 없이 행한 뒤에 여력이 있으면 시詩를 외고 글을 읽으며 영가詠歌하고 무도舞蹈를 하는 데도 생각이 지나침이 없게 하는 것이다. 이치를 궁구하고 몸을 닦는 것은 이 학문의 큰 요지이다. 밝은 명命은 환하여 안팎이 없으니, 덕이 높고 업業이 넓어야 그 본래의 본성으로 다시 돌아갈 수 있는 것이다.

小學之方, 灑掃應對, 入孝出恭, 動罔或悖, 行有餘力, 誦詩讀書, 詠歌舞蹈, 思罔或逾. 窮理修身, 斯學之大. 明命赫然, 罔有內外, 德崇業廣. 『退溪文集』, 「卷七」

그는 또 주자의 『대학』 혹문或問을 인용하여 말하고 있다.

어떤 이가, "그대가 바야흐로 사람에게 『대학』의 도道를 말하려 하면서도 『소학』의 글을 참고하고자 하는 것은 무슨 까닭인가?" 하고 물으니, 주자朱子가 말하기를, "학學의 대소는 진실로 같지 아니하나 그 도는 하나일 뿐이다. 그러므로 어릴적에 『소학』을 익히지 아니하면 방심放心을 거두고 덕성을 길러서 『대학』의 기본을 삼을 수가 없고, 커서 『대학』에 나아가지 아니하면 의리를 살펴 모든 일에 베풀어 『소학』의 성공을 거둘 수 없을 것이다. 이제 어린 학도로 하여금 반드시 먼저 물 뿌리고 쓸며 응답하고 진퇴進退하는 가운데 예禮·악

樂·사射·어御·서書·수數를 익히는 일에 스스로 진력하게 하고, 성
장한 뒤에 명덕明德과 신민新民에 나아가 지선至善에 머물도록 하는
것은 당연한 순서인데 무엇이 불가한가." 하였습니다.

或問, "子方將語人以大學之道, 而又欲其考乎小學之書, 何也?" 朱
子曰 : "學之大小, 固有不同, 然其爲道則一而已. 是以方其幼也,
不習之於小學, 則無以收其放心, 養其德性, 而爲大學之基本. 及其
長也, 不進之於大學, 則無以察夫義理, 措諸事業, 而收小學之成
功, 今使幼學之士, 必先有以自盡乎灑掃應對, 進退之間, 禮樂射御
書數之習, 俟其旣長, 而後進乎明德新民, 以止於至善, 是乃次第之
當然, 又何爲不可哉?"   『退溪文集』,「卷七」

이상에서 알 수 있듯이, 퇴계의 실천수양은 지행병중知行並重의 신
념이다.

퇴계의 유학사상을 살펴보면 대략 다음과 같다.

첫째, 인간 형성의 근본이념은 인仁으로 살아가는 성인군자에게 있다.

둘째, 교육목적을 달성하는 수단은 경敬에 있으며, 경을 자발적인
각성에 따라 실천해 나가는 것이다.

셋째, 지행병중知行並重을 강조하며 덕德의 원천은 일상생활에서 비
롯되므로 일상의 사소한 일도 반드시 성심성의誠心誠意로 행해야 한다.

16세기말 조선의 대철학자이며, 유학자·경세가인 동시에 탁월한
사상가로서 '동방의 성인'으로 일컬어졌던 율곡栗谷 역시 조선을 대표
하는 인물이다. 그의 학문은 '기발이승일도설氣發理乘一途說'로써 대표
된다. 그는 경술經術을 통하여 시무時務에 정통했고 사리에 밝았으며
경제에도 밝았다. 그는 또 수기修己와 치인治人 —학문과 정치— 은
별개의 것이 아니라 모두 유자儒者의 일이므로 어느 한쪽으로 치우쳐

서는 안 된다고 생각하였다.

율곡의 사상면을 보면, 그는 교육의 필요성과 가능성을 신뢰하였다.
『격몽요결』에서 다음과 같이 말하고 있다.

> 사람의 본성은 본래 선善하여 옛날과 지금 지혜롭고 어리석은 차이
> 가 없거늘, 성인은 무슨 연고로 홀로 성인이 되었으며, 나는 무슨
> 연고로 홀로 중인衆人이 되었는가? 이는 진실로 뜻을 확립하지 못하
> 고 아는 것이 분명하지 못하고 행실을 독실하게 하지 못함을 말미암
> 은 것일 뿐이다. 뜻을 확립하고 아는 것을 분명히 하고 행실을 독실
> 하게 하는 것은 모두 나에게 달려 있을 뿐이니, 어찌 다른 데서 구하
> 겠는가? 안연顔淵은 '순임금은 어떤 사람이며, 나는 어떤 사람인가?
> 훌륭한 행동을 하는 자는 또한 순임금과 같을 뿐'이라고 말씀하셨으
> 니, 나 또한 마땅히 안연이 순임금이 되기를 바란 마음가짐을 본보기
> 로 삼아야 한다.고 생각해야 할 것이다. 사람의 용모는 추한 것을
> 바꾸어 예쁘게 만들 수 없으며, 체력은 약한 것을 바꾸어 강하게 할
> 수 없으며, 신체는 짧은 것을 바꾸어 길게 할 수 없다. 이것들은 [타
> 고나면서부터] 이미 결정된 분수인지라 변화시킬 수 없다. 그러나
> 오직 심지心志만은 어리석은 것을 바꾸어 지혜롭게 할 수 있으며,
> 불초한 것을 바꾸어 어질게 할 수 있다.

> 人性本善, 無古今智愚之殊. 聖人, 何故獨爲聖人, 我則何故獨爲衆
> 人耶? 良由志不立, 知不明, 行不篤耳. 志之立, 知之明, 行之篤, 皆
> 在我耳, 豈可他求哉? 顔淵曰 : "舜何人也, 予何人也? 有爲者, 亦若
> 是." 我亦當以顔之希舜爲法. 人之容貌, 不可變醜爲妍, 膂力, 不可
> 變弱爲强, 身體, 不可變短爲長. 此則已定之分, 不可改也. 惟有心
> 志, 則可以變愚爲智, 變不肖爲賢.　　　　　『擊蒙要訣』, 「立志章」

상문과 공자의 사상57)은 이곡동공異曲同工이자 유가의 기본 사상이라고 할 수 있다. 퇴계는 『경연일기經筵日記』에서 학문은 종일 단정히 앉아 글만을 읽는 것이 아니라 일상생활 속에서 인간처세의 도리를 배우는 것이라고 강조하였다. 이를 통해보면 그의 사상 역시 실학교육의 목적을 담고 있음을 알 수 있다. 이밖에도 그는 교육의 현실과 이상은 조화를 이루야 한다고 생각하였다. 그래서 그는 한편으로 성인군자의 정신, 도덕적 형이상학을 강조하면서 또 한편으로는 국가의 요구에 호응하며 입신행도하고 군주에게 충성을 다하며 보국할 것을 호소하였다.

상술한 한국 역대 상황에 근거하여 보면, 유학이 한나라 초에 한국에 전래된 후 공자의 유가 사상은 정치·사회·문화·사상 각 분야의 발전에 실질적으로 영향을 끼쳤음을 알 수 있다. 또한 공자 예학사상에 있어서도 심대한 영향을 미쳤다.

한국의 예禮 전래는 분명 유가의 전래와 함께 했을 것이다. 그러나 유가가 언제 전래 되었는지 명확하게 규명 할 수가 없다. 따라서 예의 전래 또한 명확하게 규명 될 수가 없다. 그러나 이미 상술한 바와 같이 고구려 소수림왕 2년(372년)에 태학太學이 설치되고, 그 다음해 율령律令이 반포 되었다. 그러므로 이 시기 예제禮制의 전래가 상당히 이루

---

57) "人之生也, 直 ; 罔之生也, 幸而免." 『論語』, 「雍也」. 사람이 사는 이치는 정직(正直)이니, 정직하지 않은 데도 살아 있는 것은 요행히 죽음을 면한 것이다.
"性相近也, 習相遠也." 『論語』, 「陽貨」. 성품은 서로 비슷하지만 습관에 의하여 서로 멀어지게 된다.
"人能弘道, 非道弘人." 『論語』, 「衛靈公」. 사람이 도道를 넓힐 수 있는 것이지, 도道가 사람을 넓힐 수 있는 것이 아니다.

어졌을 것으로 짐작된다. 예禮에 관한 기록은 삼국시대까지의 문헌에는 전하는 바가 없다. 따라서 삼국시대까지 예의 실상을 상고 할 수는 없으나, 한국에 오례五禮가 제정된 것은 고려시대이다. 『고려사』 예지禮之에 의하면 예종 때 처음으로 예를 제정 한바 있다. 그러나 그 전적은 전해지지 않고 있으며, 의종 때 최윤의崔允儀가 『상정고금례詳定古今禮』 50권을 지었다고 하였다. 이것이 한국에서 예에 관한 최초의 기록이다. 그러나 병화로 대부분 소실되고 이 책을 근간으로 성립된 것이 『고려사』의 예지禮之이다. 내용은 오례五禮로 이루어져 있다. 그 내용을 보면 길례吉禮 17가지, 흉례凶禮 11가지, 군례軍禮 4가지, 빈례賓禮 4가지, 가례嘉禮 52가지 의식을 규정하고 있다.

조선의 유학은 성리학으로 규정된다. 유학의 근본정신이 수기치인修己治人에 있고 그 수기치인은 윤리 도덕적 완성을 통해 실현된다. 그러므로 성리학은 인간 심성의 내적 움직임을 천명하였는데, 그 심성의 외적인 표현이 바로 예禮이다. 따라서 성리학과 예학은 표리의 관계에 있다. 조선사회에서 예학의 발전양상을 보면, 15세기 세종시대는 국가의례를 정비하였고, 조선후기는 17세기 가례家禮의 연구가 확산되면서 예학이 학풍의 중심으로 부각되었고, 국가의례의 문제에 대해서도 예학논쟁은 정치적 쟁점으로 전이되어 '예송禮訟'으로 전개되는 현상이 나타난다.

조선시대의 기본 예전禮典은 두 가지로 나눌 수 있다. 첫째는 국가의식으로서의 오례의五禮儀이고, 둘째는 사대부 가정의 의례 준칙으로서의 사가례私家禮이다. 사가례의 전적으로는 예교질서에 가장 깊이 뿌리를 내린 『주자가례朱子家禮』를 들 수 있다.

『주자가례』가 우리사회에 도입되는 과정을 보면, 고려 말 정몽주가

'가묘家廟'를 설치하여 사대부의 의례로서 가례를 도입하고 있는 사실을 알 수 있다. 문익점도 삼년상三年喪 제도를 도입하였다고 한다. 고려사회에서는 전통적으로 불교의례가 상례나 제례의 중심이었는데, 고려 말 도학자들에 의해 유교의례로 대체하기 위한 노력이 일어나기 시작하였다. 또한 조선 초기 예학이 선구적 업적으로 권근權近이 『예기』를 체계적으로 주석한 『예기천견록禮記淺見錄』은 예학의 경학적 기초를 확보한 중요한 업적으로 인정 할 수 있다.

세종시대는 조선왕조의 기반을 정립하는 사업을 광범위하게 벌였던 시기였으며, 특히 국가의례가 국가체제의 제도적 정립과 통치질서의 확보를 위해 중요한 기능을 한다는 점에서 적극적 관심을 보였다. 이에 따라 '고금의례상정소古今儀禮詳定所'를 설립하여 국가의례로서 오례를 정비하고 『오례의주五禮儀註』를 편찬하였다. 이것은 성종 때 『국조오례의國朝五禮儀』로 완성되었고, 조선후기 영조 때 속편으로 『국조속오례의國朝續五禮儀』가 편찬되었으며, 고종 때 『대한예전大韓禮典』으로 제정되어 시대의 변화에 따라 국가의례의 보완과 개편이 지속되어 갔다.

16세기에 들어서면서 성리학이 발전하는 시기를 맞아 『주자가례』 중심의 생활 규범서가 출현하고 그에 대한 연구가 활발해졌다. 16세기 후반은 예학에 관한 토론과 문답이 활발히 일어나면서 예학에 대한 관심이 고조되는 성리학이 극히 발달 하던 시기였다. 뒤이어 17세기, 특히 양난 이후 유교 질서 회복을 강조하며 예학이 융성하게 일어나 예학파가 생성되었다. 예학파의 형성은 퇴계와 율곡의 제자들이 중심이 되어 발전하였으며, 그 대표적 인물은 퇴계 계열의 정구鄭逑·정경세鄭經世·허목許穆 등이 있으며, 율곡계열의 김장생金長生·김집金

集·송시열宋時烈등이 대표적이다.

조선후기는 많은 예학 저술들이 출현하였는데, 대부분 가례에 대해 매우 세밀한 고증의 저술들이다. 17세기 예학파의 대표적 저술로 김장생金長生의 『의례문해疑禮問解』·『가례집람家禮輯覽』, 김집金集의 『고금상례이동의古今喪禮異同議』·『의례문해속疑禮問解續』, 유계俞棨의 『가례원류家禮源流』14권 11책, 박세채朴世采의 『가례요해家禮要解』·남계예설南溪禮說20권, 이재李縡의 『사례편람四禮便覽』4책, 이형상李衡祥의 『가례편고家禮便考』14권·『가례부록家禮附錄』·『가례혹문家禮或問』, 유장원柳長源의 『상변통고常變通攷』30권 16책, 이의조李宜朝의 『가례증해家禮增解』10책, 정구鄭逑의 『가례집람보주家禮輯覽補註』·『오선생예설분류五先生禮說分類』20권 7책·『심의제도深衣制度』, 장현광張顯光의 『상례수록喪禮手錄』, 허목許穆의 『경례유찬經禮類纂』5권 4책 등이 있다. 이상에 소개한 예학자들 중 특히 권근·정구·김장생은 조선시대 예학의 기초를 다진 한편 특색 있게 완성한 예학자라 할 수 있다.

한국의 공자사상은 관학官學으로 말하자면, 이미 천육백여 년의 역사가 된다. 예로부터 한민족韓民族의 사상·문화와 공자사상과 그의 예학 및 유가학설은 매우 밀접한 관계가 있어왔다. 오늘날 한국인의 윤리는 충효사상으로 대표되고 있으나 실은 역사적 전통을 계승한 전통사상의 부흥이라 할 수 있다. 한국 공학孔學에 대해 말하자면, 비록 시대의 성쇠에 따라 각각 학술과 사상면에 이동異同은 존재하지만, 고려 정몽주의 의리義理·조선 퇴계의 성리학·율곡의 정치론·조선말의 실학 등 그 근원을 고증해보면 모두 공자의 사상과 예학관념에서 기원하고 있음을 알 수 있다. 그러므로 공자의 사상과 유가학설, 특히 예학사상은 이미 한국사회의 여러 측면에 융합되어 한민족의 사상과 문화에 있어서 불가분의 구성요소가 되었다.

 이상을 통해 알 수 있듯이, 공자의 사상이 전래된 여러 국가 중 한국은 그 전래시기가 가장 이르며 전파 영역도 가장 광범위하기 때문에 공자 예학사상의 영향을 가장 심원深遠하게 받은 국가임을 알 수 있다.

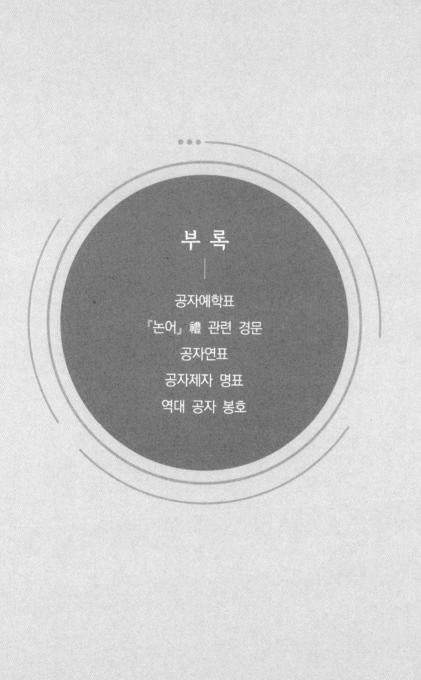

부록

공자예학표
『논어』禮 관련 경문
공자연표
공자제자 명표
역대 공자 봉호

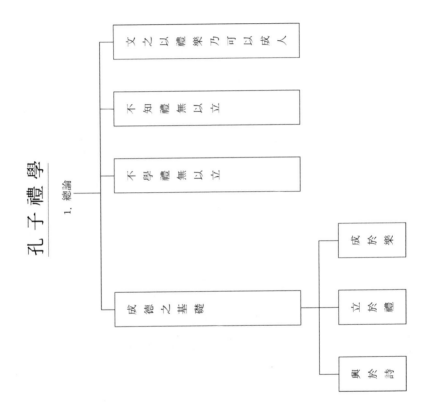

孔 子 禮 學

1. 總論

文之以禮樂乃可以成人

不知禮無以立

不學禮無以立

成德之基礎 — 成於樂 / 立於禮 / 興於詩

2. 本質

仁

克己復禮

禮云禮云玉帛云乎哉?

人而不仁如禮何?

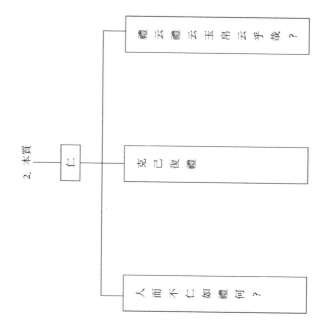

3. 根本

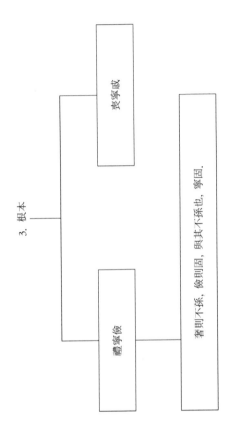

禮寧儉　　喪寧戚

奢則不孫, 儉則固, 與其不孫也, 寧固.

4. 作用

- 儀節
  - 嘉禮
  - 軍禮
  - 賓禮
  - 凶禮
  - 吉禮
- 一貫
  - 博我以文·約我以禮
  - 博學於文·約之以禮
- 節制
  - 恭慎勇直·無禮則勞葸亂絞
- 指導
  - 生事之以禮·死葬之以禮·祭之以禮
  - 非禮勿視聽言動

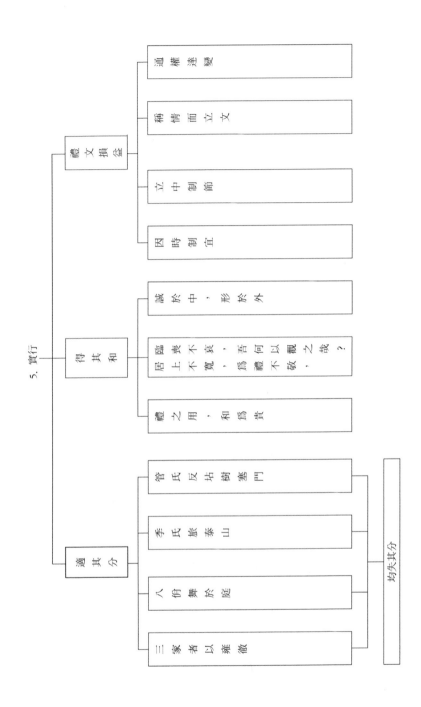

5. 實行

- 禮文損益
  - 通權達變
  - 稱情而立文
  - 立中制節
  - 因時制宜
- 得其和
  - 誠於中·形於外
  - 臨喪不哀·吾何以觀之哉? 居上不寬·為禮不敬·
  - 禮之用·和為貴
- 適其分
  - 管氏反坫樹塞門
  - 季氏旅泰山
  - 八佾舞於庭
  - 三家者以雍徹
  - 均失其分

6. 效能

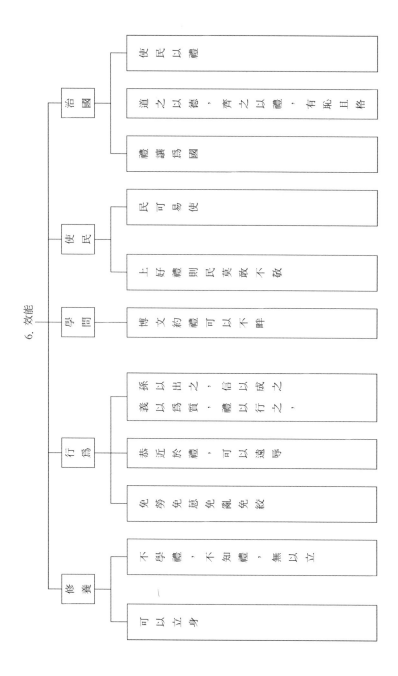

治國
使民以禮
道之以德，齊之以禮，有恥且格
禮讓爲國

使民
民可易使
上好禮則民莫敢不敬

學問
博文約禮可以不畔

行爲
義孫以出之，信以成之
義以爲質，禮以行之，
恭近於禮，可以遠恥
免勞免葸免亂免絞

修養
不學禮，不知禮，無以立
可以立身

『論語』 禮관련 經文

예禮는 주공周公의 손익損益을 거쳐 인애정신을 포함한 주례周禮를 말한다. 이것은 서주西周이후 사회전반의 전장제도典章制度이며 음식과 기거起居로부터 관혼상제, 거마車馬와 복식, 사람간의 읍양揖讓 응대 등에 이르기까지 사회 각 방면에 예 규정의 영향을 받지 않는 곳이 없다. 예는 인간의 행위 준칙이자 종법등급사회의 도덕규범이다.

인仁은 공자 사상체계의 핵심이며, 예禮는 사회 대인관계의 외재적 제약이다. 전자는 수기修己·애인愛人, 및 내재적인 자각을 강조하는 반면, 후자는 상하·존비·친소親疏·장유의 등급질서와 존존尊尊·친친親親을 강조한다. 그러므로 인과 예는 서로 표리가 되며 매우 밀접하게 연계되어 상호 규제와 보완관계를 이루고 있다. 이러한 예는 『논어』 경문에서 44곳, 75번 출현하며 인仁에 버금가는 중요한 개념이다. 따라서 예 관련 『논어』 경문을 다음과 같이 소개한다.

경문은 『論語集註』를 저본으로 하였으며, 주석이 필요한 부분은 朱子의 註를 보충하였다. 편명과 편장번호를 부가하여 쉽게 찾아 볼 수 있게 하였다.

1. 有子曰 :「禮之用, 和為貴. 先王之道斯為美, 小大由之. 有所不行, 知
   和而和, 不以禮節之, 亦不可行也.」　　　　　　　　　　　「學而」12

　유자가 말하였다. "예禮의 작용은 화[和], 화합, 조화가 중요하니, 선
왕先王의 도道도 이것을 아름답게 여겼다. 그러므로 작은 일과 큰 일
모두 이것을 따랐다. 그러나 행해서는 안 될 것이 있으니, 화만을 알아
서 화만을 주장하고 예로써 제어하지 않는다면 이 또한 행해질 수 없
다."

　　禮者, 天理之節文, 人事之儀則也. 和者, 從容不迫之意. 蓋禮之
　　為體雖嚴, 然皆出於自然之理. 故其為用, 必從容而不迫, 乃為可
　　貴. 先王之道, 此其所以為美, 而小事大事無不由之也. 如此而復
　　有所不行者, 以其徒知和之為貴, 而一於和, 不復以禮節之, 則亦
　　非復禮之本然矣, 所以流蕩忘反, 而亦不可行也.

　　禮라는 것은 天理의 節文이며 인사의 儀則이다. 和라는 것은 조용
　　히 하여 절박하게 굴지 않는 뜻이다. 대개 禮가 그 體가 됨은, 비록
　　엄격하지만 모두 자연의 이치에서 나온 것이다. 그러므로 그 쓰임
　　에는 반드시 조용하고 급박하지 않아야 귀한 것이 될 수 있다. 선왕
　　의 道는 이것을 아름답게 여겨 크고 작은 일에 모두 이것을 말미암
　　지 않은 것이 없다. 이와 같이 하고도 다시 행해서는 안 될 것이
　　있으니, 다만 和가 귀한 것만 알고, 오직 和만 한결같이 하고, 다시
　　禮로써 이를 제어하지 않는다면 역시 禮의 본연으로 돌아갈 수 없
　　으며 그리하여 방탕한데로 흘러 근본으로 되돌아감을 잊고 말 것이
　　니 역시 이렇게 행해서는 안 되는 것이다.

2. 有子曰：「信近於義, 言可復也 ; 恭近於禮, 遠恥辱也 ; 因不失其親,
   亦可宗也.」   「學而」13

유자有子가 말하였다. "약속이 의義에 가깝게 하면 약속한 말을 실
천할 수 있고, 공손함 이 예禮에 가깝게 하면 치욕을 멀리할 수 있으
며, 주인主人을 정할 때에 친할 만한 사람을 잃지 않으면 그 사람을
높여 주인으로 삼을 수 있다."

> 信, 約信也. 義者, 事之宜也. 復, 踐言也. 恭, 致敬也. 禮, 節文也.
> 因, 猶依也. 宗, 猶主也. 言約信而合其宜, 則言必可踐矣 ; 致恭而
> 中其節, 則能遠恥辱矣 ; 所依者不失其可親之人, 則亦可以宗而
> 主之矣. 此, 言人之言行交際, 皆當謹之於始而慮其所終, 不然, 則
> 因仍苟且之間, 將有不勝其自失之悔者矣.

신信은 약속에 대한 믿음이다. 義는 일의 마땅함이다. 復은 말을 실
천하는 것이다. 恭은 공경을 다하는 것이다. 禮는 節文이다. 因은
의지함과 같고 宗은 主와 같다. 신의를 묶어 그 합당함에 합하게
하면 그 말은 반드시 실천을 할 수 있으며 공경을 다하여 그 절도에
맞게 한다면 치욕을 멀리 할 수 있고, 의지한 바가 친할 만한 사람
을 잃지 않았다면 그를 宗으로 여겨 주인으로 삼을 수 있는 것이다.
이는 사람의 언행과 교제에 있어서 모두가 마땅히 그 시작에서는
삼가고 그 끝을 생각하여야 하며, 그렇지 않으면 그대로 인습하고
구차히 하는 사이에 스스로의 실책에 대해 후회를 이겨낼 수 없게
됨을 말한 것이다.

3. 子曰 :「可也, 未若貧而樂, 富而好禮者也.」 「學而」15

공자가 말하였다. "괜찮다. 그러나 가난하면서도 즐거워하며, 부유하면서도 예禮를 좋아하는 것만 못하다."

4. 子曰 :「道之以政, 齊之以刑, 民免而無恥 ; 道之以德, 齊之以禮, 有恥且格.」 「爲政」3

공자가 말하였다. "백성을 법령으로 인도하고 형벌刑罰로 정연하게 하면, 백성들이 형벌을 면하려고만 하고 부끄러워함이 없다. 그러나 덕德으로 인도하고 예禮로 정연히 하면, 부끄러워할 줄도 알고 또 선善에 이르게 될 것이다."

> 禮, 謂制度品節也. 格, 至也. 言躬行以率之, 則民固有所觀感而興起矣, 而其淺深厚薄之不一者, 又有禮以一之, 則民恥於不善, 而又有以至於善也. 一說, 格, 正也. 書曰 :「格其非」.

> 禮는 制度와 品節이다. 格은 이르는 것이다. 몸소 행하여 이를 인솔하면 백성이 진실로 이를 보고 감동하여 흥기하는 바가 있을 것이다. 그 얕고 깊고 두텁고 얇아 동일하지 않는 것도 禮로써 한결같이 하면 백성들은 不善에 대하여 부끄러움을 느끼고, 善에 이를 수 있게 됨을 말한 것이다. 일설에 格은 바로 잡는다는 것이니 『서경』에 "그 그릇된 마음을 바로 잡는다."라 한 것이 그것이다.

5. 子曰 :「生事之以禮 ; 死葬之以禮, 祭之以禮.」　　　　　「爲政」5

　공자가 말하였다. "살아 계실 때에는 禮로써 섬기고, 돌아가시면 禮로써 장례지내고, 禮로써 제사지내는 것이다."

　　生事葬祭, 事親之始終, 具矣. 禮, 卽理之節文也. 人之事親, 自始
　　至終, 一於禮而不苟, 其尊親也至矣.

　　살아계실 때 섬기고, 돌아가셨을 때 장사지내고, 제사지내는 것은
　　부모를 섬기는 시작과 끝이 다 갖추어진 것이다. 禮는 곧 이치의
　　節文이다. 사람이 부모를 섬김에 처음부터 끝까지 한결같이 禮대
　　로 하고 구차히 하지 않는다면 부모를 높임이 지극한 것이다.

6. 子曰 :「殷因於夏禮, 所損益, 可知也 ; 周因於殷禮, 所損益, 可知也.」
　　　　　　　　　　　　　　　　　　　　　　　　　　　　「爲政」23

　공자가 말하였다. "은나라는 하나라의 禮를 인습하였으니 무엇을
들고 무엇을 보탰는지[加減] 알 수 있으며, 주나라는 은나라의 禮를
인습하였으니 그 손익[加減]을 알 수 있는 것이다."

　　三綱五常, 禮之大體, 三代相繼, 皆因之而不能變. 其所損益, 不過
　　文章制度, 小過不及之間, 而其已然之迹, 今皆可見.

　　三綱과 五常은 禮의 대체로써 삼대가 서로 이어 왔으니 모두 그대
　　로 인습하고 변경하지 않았으며 그 손익[가감]한 것은 문장제도상에

조금 지나치거나 미치지 못한 것에 불과 할 뿐이며 이미 그러한 흔적을 지금도 볼 수 있다.

7. 子曰 :「人而不仁, 如禮何? 人而不仁, 如樂何?」　　　　　　「八佾」3

공자가 말하였다. "사람으로서 仁하지 못하면 禮를 어떻게 행하며, 사람으로서 仁하지 못하면 樂을 어떻게 할 수 있겠는가?"

　　人而不仁, 則人心亡矣, 其如禮樂何哉?

　　사람으로서 仁하지 못하다면 사람의 마음이 없는 것이니 그 禮樂을 어떻게 하겠는가?

8. 林放問禮之本. 子曰 :「大哉問! 禮, 與其奢也, 寧儉 ; 喪, 與其易也, 寧戚.」　　　　　　「八佾」4

임방이 禮의 근본을 묻자 공자가 말하였다. "훌륭하다 질문이여! 禮는 사치하는 것 보다는 차라리 검소한 것이 낫고, 喪은 형식적으로 잘 치르는 것 보다는 차라리 슬퍼하는 것이 낫다."

9. 曰 : 「禮後乎?」 子曰 : 「起予者商也! 始可與言詩已矣.」　　「八佾」8

"[자하가]禮가 [忠信보다] 뒤이겠군요?"하자 공자가 말하였다. "나를 흥기시키는 자는 商[子夏]이구나! 비로소 함께 詩를 말할 만하구나."

> 禮, 必以忠信爲質, 猶繪事必以粉素爲先. 起, 猶發也. 起予, 言能 起發我之志意.

> 禮는 반드시 忠信으로 바탕을 삼는 것은 그림 그릴 때 반드시 흰색 바탕을 우선으로 하는 것과 같다. 起는 發과 같은 뜻이니 起予라는 것은 나의 뜻을 분발시킨다고 말한 것이다.

10. 子曰 : 「夏禮, 吾能言之, 杞不足徵也 ; 殷禮, 吾能言之, 宋不足徵 也. 文獻不足故也, 足則吾能徵之矣.」　　　　　　「八佾」9

공자가 말하였다. "夏나라의 禮를 내가 말로 설명 할 수 있지만 [그 후손인]杞나라가 충분히 그 증거를 대 주지 못하며, 殷나라의 禮를 내 가 말로 설명 할 수 있지만 [그 후손인]宋나라가 그 증거를 대주지 못 하는 것은 文獻이 부족하기 때문이다. [문헌이]충분하다면 내가 증명 해 낼 수 있을 것이다."

> 杞, 夏之後. 宋, 殷之後. 徵, 證也. 文, 典籍也. 獻, 賢也. 言二代 之禮, 我能言之, 而二國, 不足取以爲證, 以其文獻不足故也. 文獻 若足, 則我能取之, 以證吾言矣.

杞는 夏나라의 후손이며 宋은 殷나라의 후손이다. 徵은 증거를 대
는 것이다. 文은 전적을 뜻하며 獻은 賢의 뜻이다. 두 시대의 禮는
내가 말을 할 수 있으나 두 나라는 증거로 취할 만한 것이 부족하니
이는 그 문헌이 부족하기 때문이다. 문헌이 만약 충분하다면 내가
이를 취하여 내 말을 증명할 수 있다고 말한 것이다.

11. 子入大廟, 每事問. 或曰:「孰謂鄹人之子知禮乎? 入大廟, 每事問.」
子聞之曰:「是禮也.」   「八佾」15

　공자가 태묘에 들어가 일마다 물으니 어떤 이가 말하기를 "누가 鄹땅
사람의 아들이 禮를 안다고 하였는가? 태묘에 들어와 매사를 묻는구
나!"하였다. 공자가 이 말을 듣고 "이것이 바로 禮입니다."라고 하였다.

　　大廟, 魯周公廟. 此蓋孔子始仕之時, 入而助祭也. 鄹, 魯邑名, 孔
　　子父叔梁紇, 嘗爲其邑大夫. 孔子自少, 以知禮聞. 故或人因此而
　　譏之. 孔子言「是禮」者, 敬謹之至, 乃所以爲禮也.

　　大廟는 魯나라 周公의 묘당이다. 이것은 아마도 공자가 처음 벼슬
　　할 때에 大廟에 들어가 제사를 도운 일인 듯하다. 鄹는 노나라
　　읍 이름이다. 공자의 아버지 叔梁紇이 일찍이 그 읍의 대부였다.
　　공자는 어려서부터 禮를 잘 안다고 소문이 났으므로 그 때문에
　　어떤 이가 이를 근거로 기롱한 것이다. 공자가 "이것이 禮이다."라
　　고 말 한 것은 공경과 삼감이 지극한 것이 바로 禮를 하는 것이기
　　때문이다.

12. 子貢欲去告朔之餼羊. 子曰 : 「賜也, 爾愛其羊, 我愛其禮.」

「八佾」17

　　子貢이 매월 초하룻날 태묘에 고유제를 지내며 희생으로 바치는 양을 없애려 하자 공자가 말하였다. "賜야! 너는 그 양을 아까워하지만 나는 그 예를 더 아까워한다."

　　告朔之禮, 古者, 天子常以季冬, 頒來歲十二月之朔于諸侯, 諸侯受而藏之祖廟, 月朔則以特羊告廟, 請而行之. 餼, 生牲也. 魯自文公, 始不視朔, 而有司猶供此羊. 故子貢欲去之.

　　告朔의 禮는 옛날 천자가 항상 季冬[선달]에 다음해 12개월의 月朔[초하루]을 제후들에게 반포하면 제후는 이를 받아 조상의 묘당에 보관하였다가 매월 초하루 날이면 犧牲 양을 잡아 묘당에 고유하고 청하여 시행하는 것이다. 餼는 살아 있는 희생이다. 노나라는 文公 때부터 告朔禮를 보지 않고 有司가 오히려 이 양을 바쳤기 때문에 子貢이 이를 없애려 한 것이다.

13. 子曰 : 「事君盡禮, 人以為諂也.」　　　　　　「八佾」18

　　공자가 말하였다. "군주를 섬김에 禮를 다하였더니 사람들은 아첨한다고 여기는구나."

14. 定公問 : 「君使臣, 臣事君, 如之何?」 孔子對曰 : 「君使臣以禮, 臣事
    君以忠.」   「八佾」19

定公이 물었다. "군주가 신하를 부리고 신하가 군주를 섬기는 것은
어떻게 해야 합니까?" 공자가 대답하였다. "군주는 신하를 禮로써 부
리고, 신하는 군주를 忠으로써 섬겨야 합니다."

15. 「然則管仲知禮乎?」 曰 : 「邦君樹塞門, 管氏亦樹塞門 ; 邦君為兩君之
    好, 有反坫, 管氏亦有反坫. 管氏而知禮, 孰不知禮?」
                                                         「八佾」22

"[어떤 사람이 물었다.]그렇다면 管仲은 禮를 알았습니까?" 공자가
말하였다. "나라의 군주여야 塞門[색문, 병풍으로 문을 가림]을 세울
수 있는데 관씨도 塞門을 세웠고, 나라의 군주이여야 두 군주의 好交
에 反坫을 둘 수 있는데 관씨 역시 반점을 두었으니 관씨가 禮를 안다
면 누가 禮를 알지 못하겠는가?"

> 或人, 又疑不儉爲知禮. 屏, 謂之樹, 塞, 猶蔽也, 設屏於門, 以蔽
> 內外也. 好, 謂好會. 坫, 在兩楹之間, 獻酬飲畢, 則反爵於其上.
> 此皆諸侯之禮, 而管仲僭之, 不知禮也.

혹자는 또 검소하지 않은 것이 禮를 아는 것인 줄 의심한 것이다.
屏[막는 것을 樹라 한다. 塞은 가리는 것과 같으니 문에 막이를
설치하여 안팎을 가리는 것이다. 好는 우호의 모임을 말한다. 坫은

두 기둥사이에 있는 것이니 술잔을 주고받아 마시기를 마치면 술잔을 그 위에 되돌려 올려놓는 곳이다. 이것은 모두 제후의 禮인데 管仲이 僭越하였으니 禮를 모른다고 한 것이다.

16. 子曰 :「居上不寬, 爲禮不敬, 臨喪不哀, 吾何以觀之哉?」
「八佾」26

공자가 말하였다. "윗자리에 있으면서 너그럽지 못하며 禮를 행하면서 공경하지 않으며 喪에 임하여 슬퍼하지 않는다면 내가 무엇으로 그를 관찰하겠는가?"

居上, 主於愛人. 故以寬爲本. 爲禮, 以敬爲本, 臨喪, 以哀爲本, 旣無其本, 則以何者而觀 其所行之得失哉?

윗자리에 있으면 남을 사랑하는데 主를 두어야 한다. 그러므로 寬容이 근본이 되는 것이다. 禮를 실행함에는 敬을 근본으로 삼고, 喪에 임해서는 슬픔을 근본으로 삼으니 이미 그 근본이 없다면 무엇으로 그 행하는 바의 잘잘못을 살펴 볼 수 있겠는가?

17. 子曰 :「能以禮讓, 爲國乎, 何有? 不能以禮讓爲國, 如禮何?」
「里人」22

공자가 말하였다. "禮와 謙讓으로써 할 수 있다면 나라를 다스림에 무슨 어려움이 있겠는가? 禮와 謙讓으로써 나라를 다스리지 못한다면 禮를 어디에 쓰겠는가?"

讓者, 禮之實也. 何有, 言不難也. 言有禮之實以爲國, 則何難之有. 不然, 則其禮文雖具, 亦且無如之何矣, 而況於爲國乎!

讓은 禮의 실체이다. 何有는 어렵지 않음을 말한다. 예의 실체를 두어 나라를 다스린다면 무슨 어려움이 있을 것이며 그렇지 않다면 그 禮文이 갖추어졌다 하더라도 또한 어찌할 수가 없는 것인데 하물며 나라를 다스림에 있어서랴! 라고 말한 것이다.

18. 子曰 :「君子博學於文, 約之以禮, 亦可以弗畔矣夫!」

「雍也」25

공자가 말 하였다. "군자가 文에 대해 넓게 배우고 禮로써 요약[제어] 한다면 역시 [道에]어긋나지 않게 될 것이다."

君子, 學欲其博. 故於文無不考, 守欲其要. 故其動必以禮, 如此則可以不背於道矣.

군자는 배움에 있어서 널리 하고자 한다. 그 때문에 文에 대하여 고찰하지 않음이 없다. 지킴에 있어서는 요약되고자 한다. 그러므로 그 행동을 반드시 禮로써 하는 것이다. 이와 같이 한다면 道에 위배되지 않을 것이다.

19. 子所雅言, 詩·書·執禮, 皆雅言也. 「述而」17

　공자께서 평소 雅言[표준말]으로 하신 말씀은 『詩』·『書』와 禮를 집전 할 때이니 모두 아언으로 하였다.

　　詩以理情性, 書以道政事, 禮以謹節文, 皆切於日用之實. 故常言之. 禮獨言執者, 以人所執守而言, 非徒誦說而已也.

　　詩는 性情을 다스리고, 書는 정사를 이끄는 것이며, 禮는 節文을 삼가는 것이니 모두 일상생활에 절실한 것이다. 그 때문에 항상 이 것을 말씀하신 것이다. 禮에 대해서만 유독 執이라 말한 것은 사람이 잡아서 지켜야 할 바로서 말한 것이고 한갓 외우고 말하는 것으로 끝날 수 있는 것이 아니기 때문이다.

20. 陳司敗問 : 「昭公知禮乎?」 孔子曰 : 「知禮.」 孔子退, 揖巫馬期而進之, 曰 : 「吾聞君子不黨, 君子亦黨乎? 君取於吳為同姓, 謂之吳孟子. 君而知禮, 孰不知禮?」 巫馬期以告. 子曰 : 「丘也幸, 苟有過, 人必知之.」 「述而」30

　陳나라 司敗가 물었다. "昭公은 禮를 압니까?" 공자가 대답하였다. "예를 알지요." 공자가 물러나자 사패는 巫馬期[공자제자]에게 읍하고 는 다가오도록 하면서 말하였다. "내 들으니 군자는 편당을 짓지 않는 다 하였는데 군자도 편당을 짓습니까? 昭公[노나라 군주]은 吳나라에서 부인을 맞았으며 오나라와 노나라는 동성이 되므로 그 때문에 吳孟

子라 불렀으니 이러한 군주가 예를 안다면 누가 예를 알지 못하겠는
가?" 무마기가 이 말을 공자에게 아뢰니 공자가 말하였다. "나는 다행
이다. 진실로 나에게 잘못이 있으면 남들이 반드시 아는구나."

> 禮, 不取同姓, 而魯與吳皆姬姓. 謂之吳孟子者, 諱之, 使若宋女子
> 姓者然.

> 禮에 동성을 아내로 취하지 못하도록 되어 있는데 노나라와 오나라
> 는 모두 같은 姬姓이다. 吳孟子라 부른 것은 그 사실을 숨겨 마치
> 송나라 여자인 子姓인 것처럼 한 것이다.

21. 子曰 :「恭而無禮則勞, 愼而無禮則葸, 勇而無禮則亂, 直而無禮則絞.
君子篤於親, 則民興於仁 ; 故舊不遺, 則民不偷.」　　　　「泰伯」2

공자가 말하였다. "공손하기만 하고 禮가 없으면 수고롭고, 삼가기
만 하고 예가 없으면 두렵고, 용맹하기만 하고 예가 없으면 혼란스럽
고, 강직하기만 하고 예가 없으면 급하게 된다. 군자가 친족에게 독실
하게 하면 백성들이 仁에 흥기하고 친구를 버리지 않으면 백성들이
야박해지지 않게 된다."

> 無禮則無節文, 故有四者之弊.

> 禮가 없으면 節文[절도, 형식, 꾸밈]이 없다. 그러므로 이러한 네
> 가지 폐단이 있는 것이다.

22. 子曰 :「興於詩, 立於禮, 成於樂.」 「泰伯」8

공자가 말 하였다. "詩에서 흥기하며 禮에서 서며 樂에서 완성한다."

詩本性情, 有邪有正, 其爲言, 旣易知, 而吟詠之間, 抑揚反覆, 其
感人又易入. 故學者之初, 所以興起其好善惡惡之心, 而不能自已
者, 必於此而得之.
禮, 以恭敬辭遜爲本, 而有節文度數之詳, 可以固人肌膚之會, 筋
骸之束. 故學者之中, 所以能卓然自立, 而不爲事物之所搖奪者,
必於此而得之.
樂有五聲十二律, 更唱迭和, 以爲歌舞八音之節, 可以養人之性情,
而蕩滌其邪穢, 消融其查滓. 故學者之終, 所以至於義精仁熟, 而
自和順於道德者, 必於此而得之, 是學之成也.

詩는 性情에 근본을 두고 있으며, 邪도 있고 正도 있어 그 말로써
표현된 것이 이미 쉽게 알 수 있고, 읊는 중에 억양이 반복되어 사
람을 감동시키고 쉽게 몰입하게 한다. 그 때문에 배우는 초기에는
善을 좋아하고 惡을 미워하는 마음을 흥기시켜 스스로 그치지 못하
게 하는 것은, 반드시 이 詩에서 터득하게 된다.
禮는 공경하고 사양하는 것으로 근본을 삼고, 節文과 度數의 상세
함이 있어 肌膚의 체험과 筋骨의 묶임을 견고하게 할 수 있다. 그
때문에 배우는 중간에 탁연히 자립하여 사물에 동요되고 빼앗김이
없도록 하는 것은, 반드시 이 禮에서 터득하게 된다.
음악에는 五聲과 十二律이 있어 번갈아 노래하고 차례로 화답하여
歌舞와 八音의 節度로 삼아, 사람의 性情을 함양하고 사악하고 더
러운 것을 깨끗이 씻어내고 그 찌꺼기를 소멸하고 정화시킬 수 있
다. 그 때문에 배우는 마지막 단계에 義가 정밀해지고 仁이 완숙해

짐에 이르러 자연히 道德에 和順해지는 것은, 반드시 이 樂에서 터득되는 것이다. 이렇게 하여 學問이 완성 되는 것이다.

23. 子曰：「麻冕, 禮也；今也純, 儉, 吾從眾. 拜下, 禮也；今拜乎上, 泰也. 雖違眾, 從下.」　　　　　　　　　　　　　　　「子罕」3

　공자가 말하였다. "베로 면류관을 만드는 것이 본래의 禮이지만, 지금은 생사로 만드니 검소하므로 나는 대중[時俗]을 따르겠다. [堂]아래에서 절을 하는 것이 본래의 禮인데 지금은 [堂]위에서 절을 하니 이는 거만한 것이다. 비록 대중[時俗]과 어긋난다 하더라도 나는 [堂]아래에서 절하는 禮를 따르겠다."

　　緇布冠, 以三十升布爲之, 升八十縷, 則其經二千四百縷矣. 細密難成, 不如用絲之省約. 臣與君行禮, 當拜於堂下, 君辭之, 乃升成拜. 君子處世, 事之無害於義者, 從俗可也, 害於義, 則不可從也.

　　緇布冠은 30升[새]의 베로 만들며 1升은 80縷[올]이니 그 날실이 2천 4백 올이 된다. 이는 세밀하여 만들기 어려우니 생사로 짜서 [수고로움을]덜고 줄임만 못하다. 신하가 군주에게 禮를 행할 때는 당연히 堂 아래에서 拜禮하여야 한다. 군주가 이를 사양하면 그제야 堂 위로 올라가 拜禮를 끝낸다.
　　군자의 처세는 일이 義에 해가 없는 것이라면 時俗을 따르는 것도 괜찮으나, 義에 해가 될 경우는 時俗을 따를 수 없는 것이다.

24. 顏淵喟然歎曰:「仰之彌高, 鑽之彌堅 ; 瞻之在前, 忽焉在後. 夫子循
    循然善誘人, 博我以文, 約我以禮. 欲罷不能, 既竭吾才, 如有所立卓
    爾. 雖欲從之, 末由也已.」   「子罕」10

　안연이 탄식하며 말하였다. "[선생님의 道는]우러러볼수록 더욱 높
고, 뚫어볼수록 더욱 견고하며 쳐다보면 앞에 있더니 어느새 뒤에 있
도다. 선생님께서는 차근차근히 사람을 잘 이끄시고 나를 文으로써
넓혀주시고 나를 禮로써 제어해 주셨다. 이 때문에 그만 두고자 해도
그렇게 할 수 가없어 이미 내가 가진 능력을 다하였으나 [선생님의
道가]마치 내 앞에 우뚝 서 있는 것 같아서 비록 그렇게 따르고자 하나
어디로부터 시작하여야 할지 알 수 없도다."

　　博文約禮, 敎之序也. 言夫子道雖高妙, 而敎人有序也.
　　博我以文, 致知格物也, 約我以禮, 克己復禮也.

　　博文約禮는 가르침의 차례이다. 夫子의 도는 비록 높고 묘하나 사
　람을 가르치는 데에는 차례가 있음을 말한 것이다.
　　나를 文으로써 넓히는 것은 致知와 格物이요, 禮로써 나를 제어하
　는 것은 자신의 사욕을 극복하고 禮로 돌아가는 것이다.

25. 執圭, 鞠躬如也, 如不勝. 上如揖, 下如授. 勃如戰色, 足蹜蹜, 如有循.
    享禮, 有容色. 私覿, 愉愉如也.   「鄕黨」5

　[공자께서는 군주를 위하여 이웃 나라를 방문하였을 때에 천자天子

가 제후諸侯에게 내려준 옥규玉圭인命圭를 잡을 때에는 국궁하되 마치 이겨내지 못하는 듯이 하였다. 위로 올릴 때에는 읍을 하듯이 하고 아래로 내릴 때에는 남에게 주듯이 하였다. 낯빛을 변하여 두려워하는 빛을 띠고, 발걸음을 좁게 떼어 발꿈치를 끌듯이 하였다. 향례에는 온화한 낯빛을 하고 사사로이 만날 때는 화평하게 하였다.

享, 獻也, 旣聘而享, 用圭璧, 有庭實. 有容色, 和也, 儀禮曰：「發氣滿容.」

享은 바치는 것이니 이미 聘問을 끝내고 燕享를 베푸는데 규벽을 사용하고 마당에 예물을 진열해 놓는다. 有容色이란 얼굴이 온화한 것이다. 『儀禮』에 "燕享할 때는 기운을 펴 화기和氣가 얼굴에 가득하게 한다."하였다.

26. 子曰：「先進於禮樂, 野人也；後進於禮樂, 君子也. 如用之, 則吾從先進.」

「先秦」1

공자가 말하였다. "선배들이 예악을 행함에 있어 [지금 사람들은]촌스러운 사람이라 하고, 후배들은 예악을 행함에 있어 군자스럽다 한다. [그러나, 내가]만약 예악을 쓴다면 나는 선배들을 따르겠다."

先進後進, 猶言前輩後輩. 野人, 謂郊外之民, 君子, 謂賢士大夫也. 程子曰：「先進於禮樂, 文質得宜, 今反謂之質朴, 而以爲野人. 後進之於禮樂, 文過其質, 今反謂之彬彬, 而以爲君子, 蓋周末文勝. 故時人之言如此, 不自知其過於文也.

선진, 후진은 전배, 후배라는 말과 같다. 야인은 郊外의 백성이며
군자는 어진 사대부를 말한다. 程子가 말하였다. "선배는 예악에
있어서 文[문채, 형식]과 質[본바탕]이 마땅함을 얻었는데, 지금 사
람들은 도리어 이를 질박하다고 말하며 촌스러운 사람이라 여긴다.
후배는 예악에 있어 文이 그 質보다 지나친데, 지금 사람들은 도리
어 彬彬하다고 말하며 군자라고 여긴다. 대개 주나라 말기에는 文
이 지나쳤으므로 당시 사람들의 말이 이와 같았으니, 스스로 文에
지나쳤음을 알지 못한 것이다."

27. 「求! 爾何如?」對曰 :「方六七十, 如五六十, 求也爲之, 比及三年, 可
    使足民. 如其禮樂, 以俟君子.」   「先秦」25

"子路, 曾晳, 冉有, 公西華가 함께 공자를 모시고 앉았었는데, 공자
가 말하기를 求야! 너는 어떤 일을 하겠느냐?' 염구가 대답하였다. "사
방 육칠 십리, 혹은 오륙 십리쯤 되는 나라를 제가 다스리면 삼 년
만에 백성들을 풍족하게 할 수 있을 것입니다. 그러나 禮樂에 대해서
는 군자를 기다리겠습니다."

俟君子, 言非己所能.

군자를 기다린다는 것은 자기의 능한 바가 아님을 말한 것이다.

28. 曰 :「為國以禮, 其言不讓, 是故哂之.」

[曾晳이 여쭈었다. "선생님께서는 어찌하여 子路의 대답에 빙그레 웃으셨습니까?"하자 공자가 대답하였다. "나라는 禮로서 다스려야 하는데 그[子路]의 말이 겸손하지 못하여 웃는 것이다."

夫子蓋許其能, 特哂其不遜.

부재공자는 子路의 능력은 인정하였으나 다만 그 겸손하지 못함을 비웃은 것이다.

29. 顔淵問仁. 子曰 :「克己復禮為仁. 一日克己復禮, 天下歸仁焉. 為仁由己, 而由人乎哉?」顔淵曰 :「請問其目.」子曰 :「非禮勿視, 非禮勿聽, 非禮勿言, 非禮勿動.」顔淵曰 :「回雖不敏, 請事斯語矣.」「顔淵」1

안연이 仁에 대해서 묻자 공자가 대답하였다. "자신의 사욕을 극복하고 禮로 돌아가는 것이 仁이다. 하루라도 자신의 사욕을 이겨 禮로 돌아간다면 천하가 仁으로 돌아 갈 것이다. 인을 실천하는 것은 자신에게 달려 있는 것이지 남에게 달려 있는 것이겠는가?" 안연이 "그 조목을 여쭙겠습니다."라고 말하자, 공자가 말하였다. "예가 아니면 보지 말며, 예가 아니면 듣지 말며, 예가 아니면 말하지 말며, 예가 아니면 움직이지 말아야 한다." 안연이 말하였다. "제가 비록 민첩하지는 못하나 이 말씀을 잘 받들겠습니다."

仁者, 本心之全德. 克, 勝也. 己, 謂身之私欲也. 復, 反也. 禮者,
天理之節文也. 爲仁者, 所以全其心之德也. 蓋心之全德, 莫非天
理, 而亦不能不壞於人欲. 故爲仁者, 必有以勝私欲而復於禮, 則
事皆天理, 而本心之德, 復全於我矣. 歸, 猶與也. 又言「一日克己
復禮, 則天下之人, 皆與其仁」, 極言其效之甚速而至大也.

仁이란 본심의 온전한 德이다. 克은 이김이다. 己는 자신의 사욕을
일컫는다. 復은 되돌아 감이다. 禮는 天理의 節文이다. 爲仁이라
는 것은 그 마음의 德을 온전히 하는 것이다. 대체로 마음의 온전한
덕은 천리가 아닌 것이 없으나 또한 인욕에 파괴되지 않을 수도
없는 것이다. 그러므로 仁을 행하는 자는 반드시 사욕을 이겨내고
禮로 돌아가면 일마다 모두 천리가 되어 本心의 德이 다시 나에게
서 온전해지는 것이다. 歸는 허여함과 같다. 또 말하기를 하루 동안
이라도 克己復禮 한다면 천하 사람들이 모두 그 仁을 허여한다는
것은 그 효과가 매우 빠르고 지극히 큼을 극단적으로 말한 것이다.

30. 子夏曰 :「商聞之矣 : 死生有命, 富貴在天. 君子敬而無失, 與人恭而
有禮. 四海之內, 皆兄弟也. 君子何患乎無兄弟也?」　　　　　　「顔淵」5

자하가 말하였다. "내가 들으니 살고 죽는 것은 명이 있는 것이고
부유함과 귀함은 하늘에 달려 있는 것이라 하였다. 군자가 공경하고
잃음이 없으며, 사람들과 더불어 공손하고 禮가 있으면 四海 안이 모
두 형제이니 군자가 어찌 형제 없음을 걱정하겠는가?"

既安於命, 又當修其在己者. 故又言苟能持己以敬而不間斷, 接人

以恭而有節文, 則天下之人, 皆愛敬之, 如兄弟矣. 蓋子夏欲以寬
牛之憂, 而爲是不得已之辭, 讀者不以辭害意, 可也.

이미 천명을 편안히 여기고 또 자신에게 있는 것을 닦아야 한다.
그러므로 또다시 진실로써 자신을 지키되 敬으로써 하여 중간에
끊어짐이 없게 하고, 사람을 응대하되 恭으로써 하여 節文이 있다
면 천하 사람들이 모두 자신을 사랑하고 공경하여 형제와 같을 것
이라고 말한 것이다. 아마 子夏는 司馬牛의 근심을 이해해 주려고
이렇게 부득이한 말을 한 것이니 독자들은 말만을 가지고 본의를
해치지 않는 것이 가할 것이다.

31. 子曰 :「博學於文, 約之以禮, 亦可以弗畔矣夫!」　　　　「顏淵」15

　　공자가 말하였다. "文에 대해 넓게 배우고 禮로써 요약[제어] 한다면
역시 [道에]어긋나지 않게 될 것이다."

　　重出.

　　거듭 나왔다[雍也篇25].

32. 子曰 :「……, 名不正, 則言不順 ; 言不順, 則事不成 ; 事不成, 則禮樂
　　不興 ; 禮樂不興, 則刑罰不中 ; 刑罰不中, 則民無所措手足. 故君子名
　　之, 必可言也, 言之必可行也. 君子於其言, 無所苟而已矣.」「子路」3

공자가 말하였다. "명분이 바르지 못하면 말이 순하지 못하고, 말이 순하지 못하면 일이 이루어지지 못하고, 일이 이루어지지 못하면 禮樂이 일어나지 못하고, 예악이 일어나지 못하면 刑罰이 정확하지 못하고, 형벌이 정확하지 못하면 백성들이 손발을 둘 곳이 없어진다. 그러므로 군자는 명분을 정하면 반드시 그에 맞는 말이 있게 되고, 무엇을 말하면 반드시 그에 맞는 실행이 있게 되는 것이니 군자는 자신이 한 말에 대해서 구차함이 없을 뿐이다."

名不當其實, 則言不順, 言不順, 則無以考實而事不成.
事得其序之謂禮, 物得其和之謂樂, 事不成, 則無序而不和. 故禮樂不興, 禮樂不興, 則施之政事, 皆失其道. 故刑罰不中.
名實相須, 一事苟, 則其餘皆苟矣.

명분이 그 실제와 맞지 않으면 말이 순하지 못하고, 말이 순하지 못하면 실상을 살필 수 없어 일을 이룰 수도 없다.
일이 순서에 맞는 것을 禮라 하고 사물이 그 和를 얻는 것을 樂이라 한다. 일이 이루어지지 못하면 질서가 없고 和하지 못한다. 그 때문에 禮樂이 일어나지 못하고, 禮樂이 일어나지 못하면 정사를 시행함에 모두 그 道를 잃게 된다. 그러므로 刑罰이 맞지 않게 되는 것이다. 명분과 실상은 서로 필요로 하니, 한 가지 일이 구차스러우면 그 나머지도 모두 구차스럽게 된다.

33. 子曰 :「……, 上好禮, 則民莫敢不敬 ; 上好義, 則民莫敢不服 ; 上好信, 則民莫敢不用情. 夫如是, 則四方之民襁負其子而至矣, 焉用稼?」
「子路」4

공자가 말하였다. "윗사람이 禮를 좋아하면 백성들이 감히 공경하지 않음이 없고, 윗사람이 義를 좋아하면 백성들이 감히 복종하지 않음이 없고, 윗사람이 믿음을 좋아하면 감히 사실대로 하지 않음이 없을 것이다. 이렇게 되면 사방의 백성들이 자식을 포대기에 업고 올 것이니 어찌 농사일을 배울 필요가 있겠는가?"

34. 子路問成人. 子曰:「若臧武仲之知, 公綽之不欲, 卞莊子之勇, 冉求之藝, 文之以禮樂, 亦可以爲成人矣.」曰:「今之成人者何必然? 見利思義, 見危授命, 久要不忘平生之言, 亦可以爲成人矣.」 「憲問」13

자로가 완성된 사람[成人]에 대해 묻자 공자가 말하였다. "장무중臧武仲의 지혜와 공작公綽의 욕심 없음과 변장자卞莊子의 용맹과 염구冉求의 재예才藝에 禮樂으로 문채를 낸다면 이 또한 완성된 사람이라 할 수 있다." 다시 또 말하였다. "지금의 완성된 사람들은 어찌 굳이 그러할 것이 있겠느냐? 이익을 보면 義를 생각하고, 위험을 보면 목숨을 내 놓을 수 있어야 하며, 오래된 약속일지라도 평소의 말을 잊지 않는다면 역시 완성된 사람이라 할 수 있을 것이다."

成人, 猶言全人.
言兼此四子之長, 則知足以窮理, 廉足以養心, 勇足以力行, 藝足以泛應, 而又節之以禮, 和之以樂, 使德成於內而文見乎外, 則材全德備, 渾然不見一善成名之迹. 中正和樂, 粹然無復偏倚駁雜之蔽, 而其爲人也亦成矣.

成人이란 全人이란 말과 같다.

이 네 사람의 장점을 겸한다면 지혜는 이치를 窮究히 할 수 있고 청렴은 마음을 수양 할 수 있고 용기는 힘써 행할 수 있고 재주는 두루 응용할 수 있으며 게다가 禮로써 이를 제어하고 樂으로써 이를 和하게 하여 안으로 德을 이루고, 밖으로 문채가 드러나도록 한다면 재주가 완전하고 德이 갖추어져서 渾然히 한 가지만 잘하였다는 자취로 이름을 드러내지 않으며 中正하고 和樂해서 순수하여 다시는 편벽되고 잡박한 가리움이 없어 그 사람됨이 또한 이루어질 수 있음을 말한 것이다.

35. 子曰 :「上好禮, 則民易使也.」   「憲問」44

공자가 말하였다. "윗사람이 禮를 좋아하면 백성은 쉽게 부릴 수 있다."

禮達而分定. 故民易使.

禮가 통달해져서 분수가 정해짐으로 백성을 부리기가 쉬운 것이다.

36. 子曰 :「君子義以爲質, 禮以行之, 孫以出之, 信以成之. 君子哉!」
「衛靈公」17

공자가 말하였다. "군자는 義를 바탕으로 삼고, 禮로써 이를 실행하며, 겸손으로써 이를 드러내며 信으로써 이를 이루나니, 그렇게 하면 君子이다."

義者, 制事之本. 故以爲質幹, 而行之必有節文, 出之必以退遜, 成
之必在誠實, 乃君子之道也.
義以爲質, 如質幹然. 禮行此, 孫出此, 信成此, 此四句, 只是一事,
以義爲本. 又曰, 敬以直內, 則義以方外, 義以爲質, 則禮以行之,
孫以出之, 信以成之.

義란 일을 제재하는 근본이다. 그러므로 근간으로 삼고, 행동에는
반드시 節文을 갖추고, 낼 때에는 반드시 겸손으로 하며 이룸은 반
드시 성실함이 있어야 한다. 이것이 바로 군자의 道이다.
義가 바탕이 된다는 것은 근간과 같은 것이다. 禮는 이를 행하고
겸손은 이것을 내고 信은 이것을 이루는 것이다. 이 네 구절은 다만
이 한 가지 일이니 義로써 근본을 삼는다. 또 말하였다. 敬으로써
마음을 곧게 하면 義로써 밖을 방정하게 할 것이고, 義로써 바탕을
삼으면 禮로써 이것을 행하고 겸손으로써 이것을 내고 信으로써
이를 이룰 수 있는 것이다.

37. 子曰：「知及之, 仁不能守之；雖得之, 必失之. 知及之, 仁能守之.
不莊以涖之, 則民不敬. 知及之, 仁能守之, 莊以涖之. 動之不以禮,
未善也.」   「衛靈公」32

　공자가 말하였다. "지혜가 거기에 미친다 해도 仁이 이를 지켜내지
못하면, 비록 얻었다 하더라도 반드시 잃고 말 것이다. 지혜가 거기에
미치고 仁이 능히 이를 지킨다 해도 장엄함으로써 백성에게 임하지
않으면 백성들이 공경하지 않을 것이다. 지혜가 거기에 미치고 仁으로
써 이를 지키며, 장엄으로써 백성들에게 임한다 해도 백성을 움직이되

禮로써 하지 않으면 완전하지 못할 것이다.

動之, 動民也, 猶曰鼓舞而作興之云爾. 禮, 謂義理之節文.

動之는 백성을 움직이는 것이다. 고무시켜 作興한다는 말과 같다.
禮는 義理의 節文을 이른다.

38. 孔子曰 : 「天下有道, 則禮樂征伐自天子出 ; 天下無道, 則禮樂征伐自
    諸侯出. 自諸侯出, 蓋十世希不失矣 ; 自大夫出, 五世希不失矣 ; 陪臣
    執國命, 三世希不失矣. 天下有道, 則政不在大夫. 天下有道, 則庶人
    不議.」   「季氏」2

　　공자가 말하였다. "천하에 道가 있으면 禮樂과 征伐이 천자로부터
나오고, 천하에 道가 없으면 禮樂과 征伐이 제후에게서 나온다. 이렇
게 제후로부터 나오면 대체로 10世에 [정권을]잃지 않는 자가 드물고,
대부로부터 나오면 5世에 잃지 않는 자가 드물고 陪臣이 나라의 운명
을 쥐게 된다면 3世에 잃지 않을 자 드물 것이다. 천하에 道가 있으면
정사가 대부에 있지 않고, 천하에 道가 있으면 서민들은 [정치에 대해]
의론할 일도 없다."

先王之制, 諸侯不得變禮樂, 專征伐.

선왕의 제도에 제후는 禮樂을 변경하거나 정벌을 단독으로 결정할
수 없다.

39. 孔子曰 :「益者三樂, 損者三樂. 樂節禮樂, 樂道人之善, 樂多賢友, 益矣.」 「季氏」5

공자가 말하였다. "유익한 좋아함이 세 가지요, 손해되는 좋아함이 세 가지이다. 禮樂 따르기를 좋아하며, 남의 善함을 말하기 좋아하며, 어진 벗이 많음을 좋아하면 유익하다."

40. 曰 :「『學詩乎?』對曰 :『未也.』『不學詩, 無以言.』鯉退而學詩. 他日又獨立, 鯉趨而過庭. 曰 :『學禮乎?』對曰 :『未也.』『不學禮, 無以立.』鯉退而學禮. 聞斯二者.」陳亢退而喜曰 :「問一得三, 聞詩, 聞禮, 又聞君子之遠其子也.」 「季氏」13

[아버지(공자)께서 내게]말하기를, "『詩를 배웠느냐?』라고 물으시기에 『아직 배우지 못했습니다.』라고 대답하였더니 『詩를 배우지 않고서는 말을 할 수 없다』라 하였습니다. 그래서 저는 물러나와 詩를 배웠습니다. 다른 날에 아버지께서 홀로 서 계실 때에 제가 빠른 걸음으로 마당을 지나려 하자 아버지께서 『禮를 배웠느냐?』라고 물으시기에 『아직 배우지 못했습니다.』라고 대답하였더니 그러자『禮를 배우지 않으면 [세상에]설 수가 없다.』라 하였습니다. 그래서 저는 물러나 禮를 배웠습니다. 들었다면 이 두 마디 말씀뿐입니다." 陳亢이 물러나 기뻐하며 말하였다. "하나를 물어 세 가지를 얻었다. 詩를 듣고 禮를 들었으며, 또한 군자가 자기 아들을 멀리함을 들었다."

41. 子曰 :「禮云禮云, 玉帛云乎哉? 樂云樂云, 鐘鼓云乎哉?」

「陽貨」11

공자가 말하였다. "禮이다, 禮이다 말들 하지만 예물로 쓰이는 玉帛만을 두고 한 말이겠느냐? 樂이다, 樂이다 말들 하지만 鐘鼓 같은 악기만을 두고 한 말이겠느냐?"

敬而將之以玉帛則爲禮, 和而發之以鍾鼓則爲樂. 遺其本而專事其末, 則豈禮樂之謂哉.

공경하면서 玉帛으로 하면 禮가 되고, 和하면서 鐘鼓로 나타내면 음악이 된다. 그 근본을 잃고 오로지 그 말단만을 일삼으면 어찌 禮樂이라고 일컬을 수 있겠는가?

42. 宰我問 :「三年之喪, 期已久矣. 君子三年不爲禮, 禮必壞 ; 三年不爲樂, 樂必崩. 舊穀旣沒, 新穀旣升, 鑽燧改火, 期可已矣.」子曰 :「食夫稻, 衣夫錦, 於女安乎?」曰 :「安.」「女安則爲之! 夫君子之居喪, 食旨不甘, 聞樂不樂, 居處不安, 故不爲也. 今女安, 則爲之!」「陽貨」21

宰我가 여쭈었다. "삼년상은 그 기간이 너무 깁니다. 군자가 삼 년 동안 禮를 익히지 않으면 禮는 분명히 무너지고 말 것입니다. 삼 년 동안 樂을 익히지 않으면 樂도 분명히 무너지고 말 것입니다. 묵은 곡식은 이미 바닥나고, 새 곡식은 이미 패어 오르며 찬수鑽燧도 그 불을 바꾸어야 합니다. 그러니 일 년 정도로 그칠 만하다고 여겨집니다."

공자가 말하였다. "쌀밥을 먹고 비단옷을 입으면 너는 편안 하느냐?"
宰我가 말하였다. "편안합니다." [공자가 말하였다.]"네가 편하다면 그
리 하여라. 무릇 군자의 居喪에는 맛있는 것을 먹어도 달지 않으며,
음악을 들어도 즐겁지 않으며, 거처에도 편안을 느끼지 못하기 때문에
그러한 것은 하지 않는 것이다. 그런데 지금 너는 편안하다고 하니
그렇다면 네하고 싶은 대로 하여라."

恐居喪不習而崩壞也.

居喪기간 동안 익히지 않아서 붕괴될까 걱정한 것이다.

43. 子貢曰：「君子亦有惡乎?」子曰：「有惡：惡稱人之惡者, 惡居下流而
    訕上者, 惡勇而無禮者, 惡果敢而窒者.」　　　　　　　　「陽貨」24

  자공이 말하였다. "군자도 미워하는 것이 있습니까?" 공자가 말하였
다. "미워함이 있다. 남의 악을 들어내는 자를 미워하고, 하류에 거하
면서 윗사람을 비방하는 자를 미워하며, 용맹만 있고 禮가 없는 자를
미워하고, 과감하기만 하고 꽉 막힌 자를 미워한다."

    訕, 謗毁也. 窒, 不通也. 稱人惡則無仁厚之意, 下訕上則無忠敬
    之心, 勇無禮則爲亂, 果而窒則妄作. 故夫子惡之.

    訕은 비방하며 헐뜯는 것이다. 窒은 통하지 않는 것이다. 남의 악을
    말하면 仁厚한 뜻이 없고, 아랫사람이 윗사람을 비방하면 忠敬의

마음이 없게 된다. 용맹하면서 禮가 없으면 亂을 일으키고, 과감하기만 하고 막히게 되면 함부로 행동하게 된다. 그 때문에 공자께서 미워한 것이다.

44. 子曰:「不知命, 無以爲君子也. 不知禮, 無以立也. 不知言, 無以知人也.」
「堯曰」3

공자가 말하였다. "天命을 알지 못하면 군자가 될 수 없고, 禮를 알지 못하면 설 수 없으며, 말을 알지 못하면 사람을 알 수 없다."

知命者, 知有命而信之也. 人不知命, 則見害必避, 見利必趨, 何以爲君子?
不知禮, 則耳目無所加, 手足無所措.
言之得失, 可以知人之邪正.

命을 안다는 것은 命이 있음을 알고서 이를 믿는 것이다. 사람이 命을 알지 못하면, 해를 보면 반드시 피해 갈 것이고 이익을 보면 틀림없이 좇아갈 것이니, 어찌 군자가 될 수 있겠는가?
禮를 알지 못하면 귀와 눈에 보탤 것이 없고 손발을 둘 곳이 없다.
말의 잘잘못에 의해 사람의 사악함과 올바름을 알 수 있다.

공자 연표

서원	周	魯	孔子年	내 용	비 고
기원전 551년	靈王 21년	襄公 22년	1세	10월 27일 庚子, 하력夏曆 8월 27일, 양력 9월 28일. 노나라 창평향昌平鄉 추읍陬邑 궐리闕里에서 태어남(현 山東省 曲阜 東南, 尼山 附近).	공자의 출생년도는 『춘추공양전』과 『춘추곡양전』에 양공 21년으로 기록 되어있으며 『사기·공자세가』는 양공 22년으로 기록 되어있다. 『춘추공양전』과 『춘추곡양전』은 연과 일은 동일하나 월은 차이가 있다. 『사기·공자세가』는 연만 기재 되어 있다. 현 중국정부에서는 노 양공 22년으로 규정하고 있으며 양력 9월 28일을 공자 탄신일로 추정하고 있다.
기원전 549년	靈王 23년	襄公 24년	3세	부친 숙량흘叔梁紇이 별세하여 방산防山(현 曲阜 동쪽. 梁公林이라 칭함.)에 장사 지냈다.	당시 공자의 나이는 불확실하다. 『공자가어』의 기록은 공자 3세로 기록하고 있다.
기원전 545년	靈王 27년	襄公 28년	7세	제자 안로顔路(顔無繇)출생.	안자顔子의 부친.
기원전 544년	景王 원년	襄公 29년	8세	놀이를 할 때면 늘 제기를 진설해 놓고 제사지내는 예용禮容을 흉내 냈다. 제자 염경冉耕(伯牛) 출생.	
기원전 542년	景王 3년	襄公 31년	10세	제자 중유仲由(子路) 출생.	

기원전 537년	景王 8년	昭公 5년	15세	공자는 "15세에 학문에 뜻을 두었다." 라고 말했다.	
기원전 536년	景王 9년	昭公 6년	16세	제자 민손閔損(閔子騫) 출생.	
기원전 535년	景王 10년	昭公 7년	17세	모친 안징재安徵在 별세. 부모 합장. 상복을 입고 노나라 대부 계손씨의 연회에 참석하러 갔다가 가신 양호陽虎에 의해 제지당함.	혹자는 공자 24세에 모친이 별세 했다고 하나 『사기·공자세가』의 기록에 의하면 나이 17세 전이 옳다.
기원전 533년	景王 12년	昭公 9년	19세	송나라 견관씨丌官氏와 결혼함.	
기원전 532년	景王 13년	昭公 10년	20세	아들 리鯉를 낳고 자를 백어伯魚라 하였다. 위리委吏직을 맡아 창고를 관리하였으며, 승전乘田직을 맡아 가축관리와 사육의 직무를 맡은 것이 이 시기 전후이다.	
기원전 525년	景王 20년	昭公 17년	27세	담자郯子가 노나라를 방문하자 공자는 고대 관직에 대해 배움을 청했다.	
기원전 522년	景王 23년	昭公 20년	30세	공자는 "30세에 예를 알아 스스로 섰다"라고 하였다. 제齊나라 경공景公과 대신 안영晏嬰이 노나라에 방문 했을 때 회견에 참여했다. 사학을 설립하여 제자를 교화하였다. 제자 염옹冉雍(仲弓)과 염구冉求(子有) 출생.	
기원전 521년	景王 24년	昭公 21년	31세	제자 안회顔回(子淵), 고시高柴(子羔), 복부제宓不齊(子賤), 무마기巫馬期(子旗) 출생.	

기원전 520년	景王 25년	昭公 22년	32세	제자 단목사端木賜(子貢) 출생.	
기원전 519년	敬王 원년	昭公 23년	33세	제자 공서적公西赤(子華) 출생.	
기원전 518년	敬王 2년	昭公 24년	34세	제자 유약有若 출생. 노나라 대부 맹희자孟僖子가 임종시에 그의 두 아들 맹의자孟懿子와 남궁경숙南宮敬叔에게 공자를 스승으로 삼아 예禮를 배우라고 유언하였다.	
기원전 517년	敬 3년	昭公 25년	35세	노 소공이 계평자季平子를 토벌하려다 오히려 삼가三家의 반격을 받아 패하고 제나라로 망명했다. 그 후 얼마 되지 않아 노나라가 어지러워졌다. 공자는 제나라로 가서 고소자高昭子의 가신이 되었다. 제나라의 태사太師와 음악을 담론하였는데, 순임금 때의 소韶 음악을 듣고 그것을 배워 석 달 동안 고기 맛을 모를 정도로 심취하였다. 제 경공이 공자에게 정치에 대해 자문을 구하자 공자는 '君君臣臣父父子子'라 답하였다.	
기원전 515년	敬王 5년	昭公 27년	37세	공자가 제나라에서 노나라로 돌아왔다. 이때부터 51세 관직에 나갈 때까지 사학에 전력하였다.	
기원전 512년	敬王 8년	昭公 30년	40세	공자는 "40세에 이르러 미혹되지 않았다."라고 하였다. 제자 담대멸명澹臺滅明(子羽) 출생.	
기원전 510년	敬王 10년	昭公 32년	42세	제자 칠조개漆雕開(子開) 출생.	

기원전 507년	敬王 13년	定公 3년	45세	제자 복상卜商(子夏) 출생.	
기원전 506년	敬王 14년	定公 4년	46세	제자 언언言偃(子游) 출생.	
기원전 505년	敬王 15년	定公 5년	47세	제자 증삼曾參(子輿), 번수樊須(子遲) 출생. 양호陽虎가 계손씨를 통제하며 노나라 권력을 장악했다. 공자는 관직에 나오라는 양호의 제의에 완곡하게 거절했다. 시서예악詩書禮樂을 정리하며 제자가 더욱 많아졌다.	
기원전 503년	敬王 17년	定公 7년	49세	제자 전손사顓孫師(子張) 출생.	
기원전 502년	敬王 18년	定公 8년	50세	공자는 "50세에 천명을 알았다." 라고 하였다. 공산불요公山弗擾가 계씨에게 뜻을 얻지 못하자 양호의 힘을 빌려 반란을 일으켜 삼환三桓의 적자嫡子들을 폐하고, 평소 양호와 사이가 좋은 서얼庶孽로 바꾸어 세우려고 마침내 계환자季桓子를 체포했다. 계환자는 양호陽虎를 속이고 탈출했다. 양호가 노나라에 패하여 제나라로 달아났다. 공산불요는 비費읍을 점거해 계씨에게 반란을 일으키고서 사람을 보내 공자를 불렀다.	
기원전 501년	敬王 19년	定公 9년	51세	노나라 정공이 공자를 중도재中都宰(현 山東 汶上縣 서쪽)에 임명하였는데 탁월한 성과를 거두자 1년 만에 사방이 중도를 모범으로 삼았다.	

기원전 500년	敬王 20년	定公 10년	52세	사공司空에서 대사구大司寇로 승진했다. 노 정공을 보좌해 협곡夾谷의 회맹에 참석하여 정공을 위협하려는 제齊나라 경공景公의 부당함을 지적하였다. 제경공은 뉘우치고 노나라로부터 빼앗어간 운鄆, 문양汶陽, 귀음龜陰의 땅을 돌려주었다.	
기원전 498년	敬王 22년	定公 12년	54세	공자는 '휴삼도墮三都'를 건의하며 공실의 강화를 꾀했다. 후읍郈邑과 비읍費邑의 성벽을 철거하고 성읍成邑의 성벽도 허물려 했으나 실패했다.	
기원전 497년	敬王 23년	定公 13년	55세	공자가 노나라의 대사구大司寇로 있었으나 노 정공이 제나라가 보낸 여악사女樂師에 빠져 삼일 동안 정사를 돌보지 않았다. 교제郊祭가 거행된 뒤 제물로 사용된 희생 고기를 대부들에게 보내게 되는데 공자는 제외되었다. 이로 인해 공자는 결국 노나라를 떠나 위나라로 갔다. 이때부터 14년간에 걸쳐 자기의 정치적 이상을 실현하기 위해 위·조·송·정·진陳·채·초 등 7개국을 주유했다.	
기원전 496년	敬王 24년	定公 14년	56세	공자가 위나라에서 10개월을 머물고 진陳나라로 들어가다 공자의 일행을 양호陽虎로 오인한 광인匡人들에게 포위당해 곤욕을 치렀다. 위나라 영공靈公의 부인 남자南子를 만났다.	
기원전 494년	敬王 26년	哀公 원년	58세	공자가 다시 정나라를 떠나 진陳나라로 가서 사성정자司城貞子의 집에 머물렀다.	

기원전 493년	敬王 27년	哀公 2년	59세	공자가 위나라로 갔다.	
기원전 492년	敬王 28년	哀公 3년	60세	공자가 조曹나라에 잠깐 머물다가 송나라에 들러 큰 나무 밑에서 제자들에게 예禮에 대해 강론했다. 당시 송나라 대부 사마환퇴司馬桓魋가 공자를 살해하려고 하며 큰 나무를 뽑아 버렸다. 공자는 환퇴의 위협을 피해 미복으로 갈아입고 정나라로 갔으나 도중에 제자들을 잃어버려 송나라 사람들로부터 상갓집 개와 같다는 소리를 들었다. 진나라에 머물렀다. 후일 "60세 귀에 들리는 말들이 모두 걸림이 없었다."고 하였다.	
기원전 489년	敬王 31년	哀公 6년	63세	진陳나라에서 채나라로 가다가 국경 부근에서 포위되어 식량이 끊기었다. 채나라에서 엽공葉公이 정사에 대해서 묻자 공자는 "가까이 있는 사람은 기뻐하고, 멀리 있는 사람은 찾아오게 하는 것이다."라고 말하였다.	
기원전 485년	敬王 35년	哀公 10년	67세	공자부인 견관씨幵官氏가 세상을 떠남.	
기원전 484년	敬王 36년	哀公 11년	68세	노나라 계강자가 예를 갖추어 공자가 돌아오기를 청하자 열국을 주유하는 일을 멈추고 귀국하였다. 이후 공자는 교학과 문헌 정리 연구에 몰두하였으며 산시刪詩·서서序書·정예訂禮·정악正樂·찬역贊易등의 일은 모두 귀국 후의 일들이다. 공자가 BC497년부터 주유천하한 14년간의 행적	

				은 다음과 같다. 衛衛→광匡→포蒲→衛衛→조曹→ 송宋→정鄭→진陳→衛衛→노魯→ 衛衛→진陳→채蔡→섭葉→채蔡→ 성보지야成父之野→초楚→衛衛→ 노魯	
기원전 483년	敬王 37년	哀公 12년	69세	아들 리鯉가 세상을 떠남.	
기원전 482년	敬王 38년	哀公 13년	70세	공자는 "70세 마음이 하고자 하는 대로 따라 하여도 법규에 어긋나 지 않는다."라고 하였다.	
기원전 481년	敬王 39년	哀公 14년	71세	제자 안회가 병으로 죽었다. 노나 라 애공이 서쪽에서 기린을 포획 했다. 이에 공자는 『춘추』집필을 그만 두었다.	
기원전 480년	敬王 40년	哀公 15년	72세	제자 자로가 위나라 내란에 휩쓸 려 전사하였다.	
기원전 479년	敬王 41년	哀公 16년	73세	4월 己丑일(夏曆 2月 11日) 병으로 드러누운 지 7일 만에 세상을 떠 나니 향년 73세였다. 노성魯城(현 曲阜) 북쪽 사수泗水가에 장례를 지냈다. 제자들이 모두 심상 3년 을 하였고 자공子貢만이 무덤가 에 움막을 짓고 6년을 지냈다. 제 자들과 노나라 사람들이 무덤 근 처로 와서 집을 짓고 산 사람이 100여 집이 되었다. 그래서 그곳 을 '공리孔里'라고 명하였다.	

※ 공자연표는 『논어』, 『예기』, 『춘추좌전』, 『춘추곡양전』, 『춘추공양전』, 『사기·공자세가』, 『공자
가어』 등의 자료를 참고하였음.

공자제자 명표

성 명 姓 名	자 字	연 적 年 籍	특 징	비 고
顔回	子淵	魯人 BC521~ BC490	復聖 제2기	공자30세 연하. 공문십철의 한 사람. 唐 628년 先師로 추존된 이후 739년 兗公, 宋 19년 兗國公, 元 1330년 兗國復聖公, 明 1530년 復聖으로 추봉 됨.
閔損	子騫	魯人 BC536~ BC478	孝友廉潔 제1기	공자15세 연하. 공문십철의 한 사람. 739년 費侯로 추봉됨.
冉耕	伯牛	魯人 BC544~ ?	善言德行 제1기	공자7세 연하. 공문십철의 한 사람. 唐 739년 鄆侯, 宋 1009년 東平公, 南宋 1265년 鄆公으로 추봉됨.
冉雍	仲弓	魯人 BC522~ ?	可使南面 제2기	공자29세 연하. 공문십철의 한 사람. 唐 739년 薛侯, 宋 1009년 天下邳公, 南宋 1265년 薛公으로 추봉 됨.
冉求	子有	魯人 BC522~ BC489	博藝善政 제2기	공자29세 연하. 伯牛·仲弓과는 가족관계이다. 공문십철의 한 사람. 안연·자로·자공과 함께 공자의 주요제자 4명으로 공자의 주유 14년간 함께 동행 함. 唐 739년 徐侯, 宋 1009년 彭城公, 그 뒤 徐公으로 추봉 됨.
仲由	子路	魯 卞邑人 BC542~ BC480	忠信勇決 제1기	공자9세 연하. 공문십철의 한 사람. 唐 739년 衛侯, 宋 1009년 河內侯, 이후 衛公으로 추봉 됨.
宰予	子我	魯人 BC522~ BC458	跰弛不羈 제2기	공자29세 연하. 공문십철의 한 사람. 唐 739년 齊侯, 宋 1009년 臨淄公, 이후 齊公으로 추봉 됨.
端木賜	子貢	衛人 BC520~ ?	賢達敏辯 제2기	공자31세 연하. 공문십철의 한 사람. 唐 739년 黎侯, 宋 1009년 黎陽公, 이후 黎公으로 추봉 됨.
言偃	子游	吳人 BC506~ ?	嫺習禮樂 제4기	공자45세 연하. 공문십철의 한 사람으로 예법을 공부하고 문학으로 이름이 남. 唐 739년 吳侯, 宋 1009년 丹陽公, 이후 吳公으로 추봉 됨.

卜商	子夏	衛人 BC507~ ?	教授傳經 제4기	공자44세 연하. 공문십철의 한 사람. 唐 739년 衛侯, 宋 1009년 東阿公, 혹은 河東公, 이후 衛公으로 추봉 됨.
顓孫師	子張	陳人 BC503~ ?	志高意廣 제4기	공자48세 연하. 唐 739년 陳伯, 宋 1009년 宛邱侯, 이후 陳公으로 추봉 됨.
曾參	子輿	魯南武城人 BC505~ BC436	宗聖 제4기	공자46세 연하. 唐 668년 太子少保, 唐739년 郕伯, 宋 1009년 郕侯 , 1111년 武城侯, 南宋 1267년 郕國公, 元 1330년 郕國宗聖公으로 추봉 됨.
澹臺滅明	子羽	魯人 BC522~ ?	行不由徑 제4기	공자39세 연하. 노나라 대부. 唐 739년 江伯에 추봉 되었고, 宋 1009년 金鄕侯로 加封 됨.
宓不齊	子賤	魯人 BC521~ ?	鳴琴而治 제4기 (혹은 2기)	공자49세(혹은 30세) 연하.
原憲	子思	魯人 BC515~ ?	淸操自守 제3기	공자36세 연하.
公冶長	子長	齊人	忍辱不辯 제2기	공자 사위. 唐 739년 莒伯, 宋 1009년 高密侯, 明 1530년 先賢公冶子로 추봉 됨.
南宮括	子容	魯人	三復白圭	공자의 조카사위.
公晳哀	季次	齊人		일생 지조를 지키며 벼슬을 하지 않음.
曾蒧	晳	魯人	胸懷灑落	증자의 부친. 『논어』에는 曾點이라 하였음.
顔無繇	路	魯人 BC545~ ?	제1기	공자6세 연하. 안자의 부친. 노나라 경사卿士를 지냈다. 唐 739년 杞伯, 宋 1009년 曲阜侯, 원나라 杞國公, 明 1530년 先賢顔氏로 추봉 됨.
商瞿	子木	魯人 BC522~ ?	제2기	공자29세 연하. 공자가 주역을 상구에게 전했다함.
高柴	子羔	衛人 BC521~ ?	愚而日明 제2기	공자30세 연하. 唐 739년 共伯, 宋 1009년 共城侯로 추봉 됨.

漆彫開	子開	魯人 BC540~?	別啓宗風 제1기	공자 11세 연하. 唐 739년 滕伯, 宋 1009년 平輿侯로 추봉 됨.
公伯寮	子周	魯人		
司馬耕	子牛	宋人	제3기	
樊須	子遲	魯人 BC515~?	請學稼圃 제3기	공자 36세 연하. 唐 739년 樊伯, 宋 1009년 益都侯로 추봉 됨.
有若	子有	魯人 BC548~?		공자 13세 연하(『사기·중니제자열전』에는 43세 연하라 함). 유약의 얼굴이 공자를 많이 닮았다 함. 唐 739년 汴伯, 宋 1009년 平陰侯로 추봉 됨.
公西赤	子華	魯人 BC509~?	志通好禮 제4기	공자 42세 연하. 宋 1009년 鉅野侯, 明 1530년 先賢公西子로 추봉 됨.
巫馬施	子旗	魯人. BC521~?	勞力敎詔 제2기	공자 30세 연하. 『논어』에는 巫馬期로 되어 있음.
梁鱣	叔魚	齊人 BC522~?		공자 29세 연하.
顏幸	子柳	魯人 BC505~?	제4기	공자 46세 연하.
冉孺	子魯	魯人 BC501~?	제4기	공자 50세 연하.
曹卹	子循	BC501~?	제4기	공자 50세 연하.
伯虔	子析	BC501~?	제4기	공자 50세 연하.
公孫龍	子石	楚人 BC498~?	제4기	공자 53세 연하.
* 이하 42명은 나이가 불분명하며 전해진 내용도 없어 간략히 소개 한다.				

冉季	子産	魯人		
公祖句玆	子之			
秦祖	子南	秦人		
漆彫哆	子斂	魯人		
顏高	子驕	魯人		
漆彫徒父				
壤駟赤	子徒	秦人		
商澤	子季			
石作蜀	子明			
任不齊	選	楚人		
公良孺	子正	陳人		
后處	子里	齊人		
秦冉	開			
公夏首	乘	魯人		
奚容箴	子晳	衛人		
公堅定	子中			
顏祖	襄	魯人		
鄡單	子家	晉人		
句井疆		衛人		
罕父黑	子索			
秦商	子丕			
申黨	周	魯人		
顏之僕	叔	魯人		
榮旂	子祈			

縣城	子祺	魯人		
左人郢	行	魯人		
燕伋	思			
鄭國	子徒			
奏非	子之	魯人		
施之常	子恒			
顔噲	子聲	魯人		
步叔乘	子車	齊人		
原亢籍				
樂欬	子聲	魯人		
廉絜	庸	衛人		
叔仲會	子期	魯人		
顔何	冉	魯人		
狄黑	晳			
邦巽	子斂	魯人		
孔忠	子蔑	魯人		공자 형 孟皮의 아들.
公西輿如	子上			
公西蒧	子上	魯人		

- 이상 77인은 『사기・중니제자열전』, 『공자가어』와 기타 관련서 적을 참고로 하였음.

- 공자 제자들의 입문 기준

제1기 : 공자 37세 이전

제2기 : 공자 37~55세

제3기 : 공자 56~68세

제4기 : 공자 69세 이후

■ 孔門十哲

德行 : 顔淵・閔子騫・冉伯牛・仲弓

言語 : 宰予・子貢

政事 : 冉有・子路

文學 : 子游・子夏

■ 五聖位

孔子(大成至聖文宣王)・顔子(復聖公)・曾子(宗聖公)・子思(述聖公)・孟子(亞聖公)

역대 공자 봉호封號

封　號	爵封者	爵封年代
尼父	魯 哀公	周 敬王 41년 魯 哀公 16년 기원전 479년
褒成宣尼公	漢 平帝	元始 元年, 1년
文聖尼父	北魏 孝文帝	太和 16년, 492년
鄒國公	北周 靜帝	大象 2년, 580년
先師尼父	隋 文帝	開皇 元年, 581년
先聖	唐 太宗	貞觀 2년, 628년
宣父	唐 太宗	貞觀 11년, 637년
太師	唐 高宗	乾封 元年, 666년
隆道公	武則天	天授 元年, 690년
文宣王	唐 玄宗	開元 27년, 739년
玄聖文宣王	宋 眞宗	大中祥符 元年, 1008년
至聖文宣王	宋 眞宗	大中祥符 5年,　1012년
大成至聖文宣王	元 武宗	大德 11년, 1307년
至聖先師	明 世宗	嘉靖 8년, 1529년
大成至聖文宣先師	淸 世祖	順治 2년, 1645년
至聖先師	淸 世祖	順治 14년, 1657년
大成至聖先師	民國政府	民國年間

저자약력

공병석孔炳奭

경남 창원에서 태어나 자랐다.
대구한의대학교 한문학과를 졸업하고 성균관대학교 교육대학원과 한국고
전번역원을 거쳐 대만臺灣 사립 동오대학東吳大學 중문연구소에서 중문학
석사 학위를 취득하였으며 국립 대만사범대학臺灣師範大學 국문(중문)연
구소에서 달생達生 공덕성孔德成선생의 지도하에 중문학박사 학위를 취득
하였다. 현재 계명대학교 타블라 라사 칼리지 교수로 재직 중이다.
연구 분야는 경학經學과 삼례학三禮學이며 저서로는 『예기와 묵자 상장사
상비교연구』,『예기 상례의 인문관』 등이며, 「『예기』상장관의 인문의식」,
「『묵자』의 상장관」, 「상례의 이론적 의의와 그 기능 ―『예기』를 중심으
로」, 「『예기』를 통해본 중국고대 교육제도와 교학이론」 등 예학관련 논문
다수를 발표하였다.

예학禮學강의 － 공자편

초판 인쇄 2021년 6월 20일
초판 발행 2021년 6월 25일

지 은 이 ㅣ 공 병 석
펴 낸 이 ㅣ 하 운 근
펴 낸 곳 ㅣ 學古房

주   소 ㅣ 경기도 고양시 덕양구 통일로 140 삼송테크노밸리 A동 B224
전   화 ㅣ (02)353-9908 편집부(02)356-9903
팩   스 ㅣ (02)6959-8234
홈페이지 ㅣ http://hakgobang.co.kr/
전자우편 ㅣ hakgobang@naver.com, hakgobang@chol.com
등록번호 ㅣ 제311-1994-000001호

ISBN   979-11-6586-385-2 94150
        979-11-6586-384-5 (세트)

값 : 15,000원

■ 파본은 교환해 드립니다.